Der Forstenrieder Park

Maßstab 1:50.000

- 🟩 Wald
- Wildparkgrenze
- 🟨 Wildäsungsflächen
- 🟦 Wildruhezone
- **T** Tore, Eingänge in den Wildpark
- **P** Parkplatz
- Wildfütterung mit Beobachtungsstand
- Vorschlag für Rad-Rundweg
- • **Sehenswertes und Besonderheiten im Park (Seite 92 ff.)**

1 Ehemalige Forstbaumschule
2 Allee der seltenen Baumarten
3 Eichenallee am Carolinen-Geräumt
4 Diensthütte und Ausstellung Wittelsbacher Jagd
5 Gedenkstein für die gefallenen Forstmeistersöhne
6 Große Wildäsungsfläche
7 Grüne Marter
8 Ottertal
9 Historischer Jagdstand und Wildparkzäune
10 Nördliche Wildbeobachtungshütte
11 Römerstraße "Via Julia"
12 Römerstein
13 Eichelgarten
14 Ludwigseichen
15 Achterlache
16 Südliche Wildbeobachtungshütte
17 Eichelspitz
18 Forsthaus Oberdill
19 Preysingsäule
20 Keltenschanze bei Buchendorf
21 Forsthaus Kasten
22 Trimmdichpfad
23 Erlebnispfad
24 Hexenhäusl
25 Wasser-Hochzonenbehälter

© Bayerische Forstverwaltung

Redaktion

*Unter der Leitung von Jacques and. Volland (jav)
erarbeiteten Alfred Hutterer (A. H.),
Alexander Mania (A. M.), Dirk Schmechel (D. S.),
Eva Schoenefeldt (E. S.) und Wilhelm Seerieder (W. S.)
die Texte.*

*Dank für Anregungen, Hinweise und Durchsicht
gilt dem Historischen Verein Forstenried e. V.*

© MünchenVerlag, München 2012

Lioba Betten

Satz und Gestaltung: MABENY Kommunikation & Design, München
Druck und Bindung: Konrad A. Holtz, Neudrossenfeld
Gesetzt aus der Univers / Rotis Semisans
Gedruckt auf Lumi Silk matt, 170 g/m²
ISBN 978-3-937090-61-0

www.muenchenverlag.de

Der Forstenrieder Park

Von der Jagdlandschaft zum Erholungsgebiet

*Herausgegeben
von den Freunden des Forstenrieder Parks e.V.*

MünchenVerlag

Wald, Wiesen und Holz – Die vielfältige Nutzung des Forstenrieder Parks

Der Forstenrieder Park in der Münchner Schotterebene 15

Der Boden und das Klima, die Bäume und der Wald 16

Der Beginn der nachhaltigen Forstwirtschaft 20

> ℹ *Das Forstamt in Forstenried – Forster, Parkmeister und Forstmeister* 25

Alte Rechte im landesherrlichen Wald 27

Waldarbeit im Park 31

> ℹ *Was man im Wald alles gewinnen kann – Rohstoffe, Wärme und auch Strom?* 36

Nachhaltige Forstwirtschaft im Forstenrieder Park 38

> ℹ *Bayerische Staatsforsten – Forstbetrieb München* 41

Hirsche und Menschen – Von der Wittelsbacher Jagd zum modernen Wildpark

Die Jagd im Payerbrunner Forst 43

Die Seejagden der savoyischen Prinzessin 46

Die barocke Jagdlandschaft – Der HirschjagdParque Max Emanuels 49

Blaues, Grünes, Rotes und Gelbes Haus für Kaiser Carl VII. 51

> ℹ *Die Erschließung des Forstenrieder Parks – Von Römern, Jagdsternen und Geräumten* 56

Schloss Fürstenried – Vom Jagdschloss zum Exerzitienhaus 63

> ℹ *Französische Kaiserjagd fürs bayerische Königreich im Forstenrieder Park* 69

Königliche Hofjagden und ministerielle Staatsjagden 70

Die Entwicklung zum Wildpark Forstenried 76

Der Forstenrieder Park und die Gesellschaft

Die Entdeckung der Münchner Landschaft 79

    ⓘ *Fememord im Forstenrieder Park 81*

Der Forstenrieder Park als Erholungsraum 82

Wald in Gefahr – Natürliche Katastrophen und menschliche Entscheidungen 86

    ⓘ *Der Autobahn-Südring im Forstenrieder Park 90*

Sehenswertes und Besonderheiten im Park 92

    ⓘ *Hubertus und Diana – Die Schießstätte in Unterdill 99*

    ⓘ *Forst Kasten – Jahrhunderte alter Stiftungswald für die Altenpflege 102*

    ⓘ *Das Arbeitsdienstlager im Forstenrieder Park 108*

Der Eichelgarten – Von der umstrittenen Forstwiese zum europäischen Schutzgebiet 112

Der Wildpark und der Waldbau – Das Wildparkkonzept 117

Holz, Wasser, Luft und Erholung – Die vielfältigen Funktionen des Forstenrieder Parks 122

    ⓘ *Trinkwasser aus dem Forstenrieder Park 125*

Natur und Vielfalt – Die alten Eichen im Forstenrieder Park 126

    ⓘ *Die Freunde des Forstenrieder Parks – Ein Verein für den Park und die Gesellschaft 130*

Forstenrieder Park 2050 – Zusammenfassung und Ausblick 133

Sachregister 136

Literatur 138

Archive und Quellen / Bildnachweis 140

Glossar 142

Aktuelle Hinweise und Informationen zum Forstenrieder Park 143

Geleitwort

Unter dem Motto „Wälder für Menschen" haben die Vereinten Nationen 2011 zum „Internationalen Jahr der Wälder" erklärt. Weltweit stand der Wald ein Jahr lang im Rampenlicht. Alles drehte sich dabei um die zentrale Frage: Was wären wir ohne ihn? Gerade in Ballungsräumen wie München hat der Wald eine zentrale Bedeutung. Denken wir nur an die vielen Menschen, die hier Erholung suchen oder Sport treiben. Der Forstenrieder Park sorgt für eine reine und kühle Luft. Er ist quasi die „grüne Lunge" Münchens. Daneben sorgt er auch für sauberes Trinkwasser. Und schützt uns vor Bodenerosion oder Hochwasser. Aber nicht nur für uns Menschen ist er unersetzlich. Er ist auch Refugium und Lebensraum für unzählige Tiere und Pflanzen. Und nicht zuletzt schafft der Wald mit seinem umweltfreundlichen Rohstoff Holz die Grundlage für Wertschöpfung und Arbeitsplätze.

Die Verbundenheit der Münchner mit ihrem Wald wird nicht zuletzt durch den „Verein der Freunde des Forstenrieder Parks" und mit diesem gelungenen und hochinteressanten Buch deutlich. 2013 jährt sich der in der Forstwirtschaft entwickelte Gedanke der Nachhaltigkeit zum 300. Mal. Auch der Forstenrieder Park ist ein wichtiger Zeuge unserer Kulturgeschichte. Noch bis zum ausgehenden Mittelalter herrschte in den Wäldern um München Raubbau, Rodung, Streunutzung und Waldweide. Dann hielt die geregelte und nachhaltige Forstwirtschaft Einzug und schob hier einen Riegel vor. Heute werden die Wälder auf ganzer Fläche naturnah und nachhaltig bewirtschaftet. So lassen sich alle Funktionen und Leistungen des Waldes am besten unter einen Hut bringen.

In unserer schnelllebigen und von Technik geprägten Welt ist es wichtig, dass wir das Interesse an der Natur und seiner Bewirtschaftung aufrecht halten. Dieses Buch ist dafür hervorragend geeignet. Es gibt einen tiefen Einblick in die vielfältige Geschichte und Bedeutung des Forstenrieder Parks für die Stadt München und ihre Bevölkerung. Als Forstminister wünsche ich allen Lesern viel Freude und interessante Neuigkeiten beim Durchblättern und allen Besuchern des Parks faszinierende Natur- und Walderlebnisse.

Helmut Brunner
Bayerischer Staatsminister
für Ernährung, Landwirtschaft und Forsten

München im Mai 2012

Von der Jagdlandschaft zum Erholungsgebiet

„Der Wald besteht größtenteils aus Laubholz; vorzüglich häufig kommen die majestätische Eiche, die schattende Buche und die Hagebuche vor", beschreibt Franz von Paula Schrank 1788 den Forstenrieder Park während seiner Reise an den Würmsee, den heutigen Starnberger See. Er befand sich auf der Entdeckung eines wichtigen Teils der Münchner Landschaft, damals weit vor den Toren der Stadt. Heute grenzt der Park mit seinen knapp 4.000 Hektar Wald direkt an die südliche Stadtgrenze Münchens.

Der Forstenrieder Park dient Jahrhunderte lang dem exklusiven Jagdvergnügen der bayerischen Herzöge, Kurfürsten und Könige sowie ihrer hochrangigen Gäste. Die ältesten jagdlichen Aufzeichnungen stammen aus dem Ende des 15. Jahrhunderts. Am 7. Oktober 1918 – wenige Tage vor der Revolution in Bayern – erlegt König Ludwig III. den letzten Königshirsch. Die jagdliche Nutzung durch die Wittelsbacher erhält den Wald trotz seiner Nähe zum Münchner Ballungsraum in seiner Geschlossenheit und Größe.

Der Forstenrieder Park hat heute neben der Holznutzung eine Vielzahl von Gemeinwohlfunktionen für Klima, Trinkwasser und Erholung. Dies oft kostenlos, oder besser: unbezahlt. Der Park ist ein beliebtes und stark frequentiertes Erholungsgebiet. Und dennoch sind Wald und Wildpark immer wieder in Gefahr der Zerschneidung und Zerstörung, weil sie für alternative Verwendungen in Betracht gezogen werden. Etwa für Großflughäfen, Industriegebiete, Gewerbeparks, Umgehungsstraßen und Autobahnen. Der Forstenrieder Park ist in Gefahr. Wald und Holz sind in Existenz und Nutzung Ernst zu nehmende gewichtige Faktoren in der Diskussion der CO_2-Senke. Dabei darf der Forstenrieder Park aber nicht zur beliebigen politischen Flächenreserve degradiert werden. Etwa für 200 Meter hohe Windkrafträder.

„Was der Mensch liebt, das schätzt er, und nur was er schätzt, das schützt er", wird Bernhard von Clairvaux seit fast 1.000 Jahren gerne zitiert. Den Forstenrieder Park zu schätzen und zu schützen, ihn in seinem natürlichen und kulturellen Wert erkennbar zu machen, ist auch eine Absicht des vorliegenden Buches. Es ist nicht das erste Parkbuch, bereits 1937 veröffentlicht der Forstenrieder Schullehrer Franz Xaver Kriegelsteiner eine kommentierte Quellensammlung über den Forstenrieder Park. Diese wird 1987 von den Freunden des Forstenrieder Parks e.V. in überarbeiteter Form neu aufgelegt. In den seither vergangenen Jahrzehnten hat sich – besonders nach den Stürmen Vivian und Wibke – nicht nur der Wald in seinem Aussehen geändert, der Park hat auch eine erweiterte Bedeutung für die Gesellschaft erhalten.

Das Internationale Jahr der Wälder 2011 und das Internationale Jahr der Nachhaltigkeit 2013 sind nun Anstoß und Anlass genug, sich an die Aufgabe zu wagen, über den Forstenrieder Park und seine Bedeutung zu informieren. Zusammen getan haben sich hierfür die Freunde des Forstenrieder Parks e.V., der Forstbetrieb München der Bayerischen Staatsforsten und das Bayerische Staatsministerium für Ernährung, Landwirtschaft und Forsten.

Für Gegenwart und Geschichte werden die verschiedenen Nutzungen des Forstenrieder Parks beschrieben. Dazu gehören seine Entwicklung vom Wittelsbacher Jagdgebiet zum Wildpark als großstadtnaher Natur- und Wildtiererlebnisraum sowie die Wichtigkeit des Forstenrieder Parks für die Gesellschaft. Mit lokalen und informativen Details erklärt sich die Entwicklung in Geschichte und Gegenwart. Gleichzeitig wird der Blick auch in die umgebende Landschaft geführt.

Neben der Information des Lesers soll auch eine weitere Kernbotschaft weiter gegeben werden: der Forstenrieder Park muss als multifunktionaler Wald mit seinem Wildpark in Größe und Geschlossenheit ohne weitere Zerschneidung erhalten bleiben.

Sollten wir dazu auch nur einen kleinen Teil beigetragen haben, wünschen wir mit diesem Buch das gleiche wie für die Besuche im Forstenrieder Park: „Im Wald gibt es Dinge, die zu entdecken es lohnt, stundenlang im Moose zu liegen." (Franz Kafka)

Wald, Wiesen und Holz – Die vielfältige Nutzung des Forstenrieder Parks

Der Forstenrieder Park in der Münchner Schotterebene

Zwischen Würm, Isar und Hachinger Bach liegt der Forstenrieder Park geologisch auf der Münchner Ebene der Isar-Inn-Schotterplatten. Diese erstreckt sich im Süden bis auf das bereits voralpin geprägte Ammer-Loisach-Hügelland. Das Relief der Landschaft wird bestimmt vom Zerfall des Gletschereises und der Ausschotterung der drei Flüsse. Voraussetzung für die Bodenbildung sind Würmeiszeitliche Jungmoräne sowie Endmoräne und Altmoräne der Riss-Eiszeit.

Die ursprüngliche Vegetation ist mit flächigen, aber locker bestockten Laubmischwäldern vorstellbar. Schwerpunkt bilden Eiche und Linde, denen in feuchteren Gebieten Buchen, in trockneren zunehmend Nadelholz, besonders Kiefer, sehr vereinzelt auch Fichte, beigemischt sind. Im Süden des (heutigen) Forstenrieder Parks entwickeln sich geschlossene Wälder unter deutlicher Beteiligung der Buche, die im übrigen Gebiet, auch im (heutigen) Grünwalder und Perlacher Forst, zu Eichen-Linden Mischwäldern mit Birke und anderen Mischbaumarten variieren. Im Norden und Westen der Münchner Landschaft wird die Bestockung immer lichter, unterbrochen von den bach- und flussbegleitenden Auwäldern mit Esche und Ahorn sowie den Lohwäldern. Erste menschliche Beeinflussung der Landschaft lässt sich frühestens ab 4.000 v. Chr. mit ersten landwirt-schaftlichen Tätigkeiten nachweisen. Verstärkte Aus-gangspunkte werden Verkehrs- und Handelswege so-wie die *-brunn*-Orte im Münchner Osten. Hier häufen sich, auch heute noch sichtbar, in den Waldgebieten die typischen Hochäcker. Mit der Dreifelderwirtschaft ab 800 n. Chr. finden rund um die *-ing*-Pfarrdörfer der bajuwarischen Landnahme auch großflächigere Rodungen statt. Die damalige Münchner Landschaft kann hinsichtlich der groben Wald-Feld-Verteilung bereits mit der heutigen Situation verglichen werden: der Süden mit geschlossenen Wäldern, der Südosten von Rodungsinseln durchbrochen, die Mitte und die nördlichen Bereiche neben den agrarischen Flächen zunehmend locker bestockt bis hin zur ursprünglichen Heidelandschaft.

Die räumliche Gliederung der Landschaft orientiert sich zuerst an ihrer natürlichen Ausstattung mit Wegen entlang der drei Flusstäler. Ab der römischen Zeit kommen mit der Zeitenwende auch kreuzende Altstraßen hinzu. (jav)

Der Boden und das Klima, die Bäume und der Wald

Der Forstenrieder Park liegt am Südrand der Münchner Schotterebene. Diese ist im Laufe der letzten Eiszeit und der jüngsten Nacheiszeit entstanden: Zum Ende der Würmeiszeit vor 15.000 Jahren transportieren die Schmelzwässer gewaltige Mengen an alpinen Gesteinen. Im Raum München bildet sich ein fächerförmiger Schwemmkegel, der im Forstenrieder Park eine Stärke von etwa 20 Metern aufweist. Wegen der erdgeschichtlich kurzen Phase sind bis heute keine tiefgründigen Böden entstanden. Aus dem Kies entwickeln sich durch chemische und physikalische Verwitterungsprozesse mineralreiche Böden, die Parabraunerden. Sie zeigen auf 40 cm bis 60 cm Mächtigkeit farblich einen Wechsel von einem hellbraunen zu einem dunkelbraun-rötlichen Bodenhorizont. Dies liegt an der Verlagerung von Tonmineralen aus der oberflächennahen Bodenschicht nach unten. Die Böden der Waldstandorte sind nährstoffkräftig, da das alpine Ausgangsgestein reich an wasserlöslichen Mineralen ist.

In den tieferen Schichten der Schotterebene bilden sich auch Felsgesteine, der Nagelfluh. Er ist bis heute ein gefragter Baustoff und wurde – wegen der Gewinnung und des Transportes oft isarnah – für viele herausragende Gebäude verwendet. Allen voran für den Sockel der Münchner Frauenkirche.

Mit der Bodenbildung findet auch eine sukzessive Bewaldung statt. Die natürlichen Wälder bestehen überwiegend aus Laubholz. Im Perlacher und Grünwalder Forst sowie im Forstenrieder Park herrscht eine Mischbestockung aus Eiche und Buche, Linde und Hainbuche. Die Fichte war nur an wenigen Standorten beteiligt.

Der Wasserhaushalt der Waldstandorte im Forstenrieder Park muss als kritisch beurteilt werden. Dies hat hauptsächlich drei Gründe: Weder die geringmächtigen Böden noch das kiesige Ausgangsmaterial des Unterbodens können dauerhaft größere Niederschlagsmengen speichern. Gleichzeitig befindet sich der Grundwasserspiegel 20 Meter tief, sodass ein Ausgleich der geringen Wasserspeicherkapazitäten durch Grundwasser nicht stattfindet. Dies kann je nach Witterung bei den Bäumen zu Wasserstresssituationen führen. Besonders gefährdet ist die Fichte. Ihr Wasserbedarf ist hoch, mehrwöchige regenarme Phasen führen regelmäßig zu Zuwachsverlust und starkem Borkenkäferbefall.

Die Beeinflussung des Waldes durch Menschen erfolgt im Forstenrieder Park vergleichsweise spät. Die Besiedlung der Gegend ist nicht zuletzt wegen der Schwierigkeit, die Wasserversorgung sicher zu stellen, spärlich, die

WALD, WIESEN UND HOLZ – DIE VIELFÄLTIGE NUTZUNG DES FORSTENRIEDER PARKS

Bevölkerung noch nicht in der Lage, das Waldkleid zu verändern. Die Bedürfnisse an Walderzeugnissen werden siedlungsnah und vereinzelt in den ausgedehnten Waldungen befriedigt. Baumartenzusammensetzung und Waldstruktur entsprechen immer noch der potentiellen natürlichen Vegetation. Daran ändern auch erste intensivere Rodungstätigkeiten im 8. bis 13. Jahrhundert nicht viel, obwohl bereits größere Feldfluren entstehen. Ortsnamen wie Wörn*brunn*, *Brunn*thal und Baier*brunn* bezeugen diese wasserorientierte Landnahme. Mit den sich vergrößernden Ortschaften und der intensiveren landwirtschaftlichen Nutzung nehmen aber die Ansprüche an den Wald zu. Holz braucht man für nahezu jeden täglichen Bedarf. Es muss mühsam geschlagen und aus dem Wald gebracht werden. Und obwohl der Forstenrieder Park in seiner Tiefe kaum erschlossen ist, wird bereits Brennholz in das wachsende München geliefert. Den überwiegenden Bedarf an Nutzholz befriedigt die Stadt allerdings auf dem wesentlich einfacheren Wasserweg der Isar, die das Holz auf Flößen aus dem Oberland an die Münchner Floßlände bringt. Besonders wichtig wird der Wald ab dem 15. Jahrhundert für die Landwirtschaft als Weidefläche. Erst nur ortsnah, dann zunehmend große Flächen nutzend, bleibt das Vieh oft wochenlang auch unbehütet im Wald. Die Hirten sorgen dafür, dass mehr Licht zum Boden gelangt, damit für Graswuchs und reiche Fruktifikation der Eichen und Buchen. Stärker beschattende Bäume werden beseitigt. Die Nahrungsgrundlage für das Vieh und besonders für die Schweinemast wird damit verbessert. Der Forstenrieder Park wird zunehmend aufgelichtet, der geschlossene Wald verschwindet und degradiert zur Forstwiese. Auch die Böden sind von der maßlosen Nutzung betroffen, zuerst mit Trittschäden, dann mit der Streunutzung und dem Verlust der Nährstoffgrundlage. Durch die ab 1800 übliche Stallhaltung wird die Laubdecke als Einstreu für die Ställe regelmäßig aus dem Wald gerecht.

Schon ab der zweiten Hälfte des 18. Jahrhunderts muss man den Forstenrieder Park als maßlos übernutzt bezeichnen. Aus heutiger Sicht war dies kein Wald mehr, sondern eine locker mit Lichtbaumarten bestockte landwirtschaftliche Nutzfläche. Einen Eindruck davon bietet heute der Eichelgarten. Die planlose Holz- und Streunutzung sowie die starke Überweidung finden ihr Ende erst zu Beginn des 19. Jahrhunderts angesichts einer erwarteten Holznot. Denn der Brennholzbedarf der anwachsenden Ortschaften ist kaum noch zu decken. Auch die Nutzholzversorgung für Hausbau, Holzhandel und einsetzende Merkantilisierung nähert sich dramatischen Engpässen. Regierung und Verwaltung begegnen der Holznot mit einer Neuorganisation des Forstwesens, der Ablösung der Forstrechte sowie der Erschließung und Wiederbewaldung der öden Flächen.

WALD, WIESEN UND HOLZ – DIE VIELFÄLTIGE NUTZUNG DES FORSTENRIEDER PARKS

Im Forstenrieder Park werden die Weiderechte ab 1804 abgelöst, das Vieh darf nicht mehr eingetrieben werden. Auf den vormaligen Forstwiesen finden erste Aufforstungsversuche mit Esche, Ahorn und Ulme statt. Die Förster scheitern kläglich. Degradierte Böden, Unkrautkonkurrenz, Mäusefraß und Frostschäden machen alle Anstrengungen zunichte. Erfolgreicher sind dann die Aussaaten und Wiederaufforstungen mit relativ widerstandsfähiger Fichte und Kiefer, die ab 1835 großflächig durchgeführt werden. Schon 50 Jahre später kann die Wiederaufforstung des Forstenrieder Parks abgeschlossen werden – eine Leistung der damaligen Forstleute und Arbeiter, die auch aus heutiger Sicht höchsten Respekt verdient.

Seit nun bald 150 Jahren bestimmt die Fichte das Bild des Forstenrieder Parks. Dabei haben die Forstleute gute und schlechte Zeiten mit ihr erlebt. Denn als flach wurzelnde Baumart mit hohem Wasserkonsum ist die Fichte eine Risikobaumart, die durch Borkenkäferfraß und Sturm gefährdet ist. Auch angesichts des Klimawandels kann die Fichte hier flächig nicht der Baum der Zukunft sein. Seit den 1980er Jahren werden die Fichtenalthölzer systematisch vorwiegend mit Buchen angereichert. Allmählich und unter Verzicht auf Kahlschläge tritt ein Bestockungswandel ein. Parallel dazu werden kleinere Freiflächen, die häufig durch Borkenkäferbefall entstehen, mit Eiche, Ahorn, Esche und Ulme ausgepflanzt, um mittel- und langfristig wieder stabile und strukturreiche Mischwälder zu erhalten.

Der Forstbetrieb München der Bayerischen Staatsforsten will die waldbauliche Kernaufgabe des Baumartenwechsels bis 2020 abgeschlossen haben. Nach den gegenwärtigen klimatologischen Entwicklungen und Erkenntnissen steht dafür ohnehin kein längeres Zeitfenster zur Verfügung, damit der Forstenrieder Park als weitgehend geschlossenes Waldgebiet erhalten bleibt. (W.S.)

Der Beginn der nachhaltigen Forstwirtschaft

„Der Wald besteht größtenteils aus Laubholz; vorzüglich häufig kommen die majestätische Eiche, die schattende Buche und die Hagebuche vor", beschreibt Franz von Paula Schrank 1788 den Forstenrieder Park. Ihm fallen auch öde Flächen auf. „Es waren dies Weideplätze, auf denen das Vieh, wie das überall unter gleichen Umständen geschieht, zwei Drittteile zertreten und einen abgeweidet haben". Die zwischen Revolution und Aufklärung angesichts schwierigster Staatsfinanzen, aber auch verwaltungsinterner Rivalitäten zwischen der Jagd- und der Forstpartie, mehrfach initiierte Gründung einer Bayerischen Forstverwaltung und Forstwissenschaft verändert auch den Blick auf den Forstenrieder Park. Dieser bleibt mit seinen geschlossenen Waldgebieten zu großem Teil Hofjagdgebiet. 1796 werden lediglich die Feldfluren Neuried, Fürstenried, Forstenried, Solln und Warnberg ausgeparkt. Der Park reicht immer noch bis zum Nymphenburger Hirschgarten und bis an die Würm.

Wegen seiner Nähe zu München gewinnt der Park weitere Bedeutung für die Sicherstellung der Grundversorgung mit Holz. In der „Holzbedarfsaufnahme für München" werden 1791 nach genauer Erhebung des Verbrauchs der einzelnen Familien und aller Betriebe 40.000 Klafter hartes und 25.000 Klafter weiches Holz berechnet. Diese Holzmenge wird großteils über die Isar aus dem Gebirge und dem Oberland gewonnen. Genutzt werden aber auch Ebersberger und Anzinger Forst, die hierfür ab 1795 mit einem Wegenetz erschlossen werden. Der Gesellschaft wird aber auch klar, dass Wald und Holz nicht nur für die wirtschaftliche Existenz, sondern zum Überleben nötig sind. Die Forderungen der Zeit zielen auf Rodungsverbote, Holzersparnis und Neuanpflanzung. Dies nimmt beinah obskure Formen an. So werden in Bayern bereits 1690 die Maibäume, 1732 die Sonnwendfeuer und nach 1800 das Ausschmücken der Passionen verboten. Und es geht entscheidendere Schritte weiter, denn die praktischen forstwirtschaftlichen Erfahrungen werden in Anleitungen verständlich veröffentlicht. Wahre Pionierarbeit verrichtet der kurfürstliche Forstkommissär und Taxator für das Oberland Mathias Schilcher. Er fertigt vor dem Hintergrund der Holzversorgung Forstkarten für die in der Münchner Landschaft gelegenen Wälder Allacher Forst (1788), Hofoldinger Forst (1789) und die Grünwalder Forstwiesen (1790). Er erstellt erste Forsteinrichtungswerke für Schleißheimer Forst (1793), Grünwalder Forst (1796), Forstenrieder Forst (1797) und Hofoldinger Forst (1798). Schilcher charakterisiert 1796 die forstliche Misswirtschaft, ergänzt durch intensive Weide- und Streunutzung, als chronique scandaleuse. So sei der Grünwalder Forst „größtenteils zerrissen, aufgelöst und unbrauchbar gemacht", ein Viertel der Fläche allein mit Forstwiesen als waldfrei zu bezeichnen. „Man denke sich mitten im Walde oder an dessen Grenzen einen Terrain mit einzelnen, größtentheils verkrüppelten alten Eichen, mit dergleichen Föhren und Fichten zum Oberwuchs, zum Unterwuchse aber mit einer Menge Wachholder- oder Kranewittsträuchern bestanden, (…) von denen das einzeln stehende langhalmige Gras jährlich einmal entweder zur Fütterung des Viehs oder wohl gar zur Streu abgemähet wird". Es wird Vieh aus 20 umliegenden Ortschaften eingetrieben, dazu werden jährlich 3.000 bis 4.000 Fuhren Streu entnommen. Auch der Forstenrieder Forst ist 1797 seit Jahrzehnten völlig übernutzt und zum Teil „kaum noch nur mit der größten Anstrengung zu retten… Der Forstenriederforst umfasste nach der Vermessung von 1796 12.491 Tagwerk und hatte der Staatskasse seit 200 Jahren keinen Heller eingebracht.

WALD, WIESEN UND HOLZ – DIE VIELFÄLTIGE NUTZUNG DES FORSTENRIEDER PARKS

Der „Geometrishe Grund=Rißs ueber die projectierte Anlage eines neuen Parques" wird „vermessen und gezeichnet von bede Forsteleven Andreas Dillis und Joseph Heißs". Die Vedute unten rechts auf dem Plan zeigt Zustand und Ziel des Parkes: Zwei für die Parforcejagd ausgerüstete Jäger und ihr Hund haben in der offenen Landschaft den zu bejagenden Hirschen entdeckt. Auf dem um 1790 entstandenen Plan sind die alten Jagdsterne noch angedeutet, dazu in rot die Grenzen des neuen Parques. Der Plan ist gesüdwestet, Südwest ist also oben, Nordwest ist rechts, etc.

Der Ertrag, der sich, wenigstens soweit er verrechnet wurde, reichte kaum hin für die Besoldungen". Von der Gesamtfläche seien gerade 63 % Wald (davon 56 % schlechtes Nadelholz), 30 % Forstwiesen und 7 % öde Flächen und Geräumte.

Den beherzten Forstmännern der jungen Forstwissenschaft wird klar, dass sie gerade im Forstenrieder Park ein doppelt heißes Eisen anfassen: Neben den eigentlichen Holz- und Streurechten der umliegenden Dörfer geht es auch um die soziale Verantwortung des Landesherrn und seiner Behörden, weil die Forstwiesen erheblich zum Lebensunterhalt der Bevölkerung beitragen. Auf der anderen Seite stehen der devastierte, also verwüstete Wald und die Gefahr der Holznot. Und natürlich die Jagd, und damit wieder der Landesherr, der zu Änderungen überzeugt werden muss. Dies gelingt letztlich unter Kurfürst Max IV. Joseph, der im Geiste der Aufklärung auch die Forstwissenschaft und ihre Umsetzung, gleichzeitig die neue Forstverwaltung unterstützt. Damit sichert er auch den Fortbestand des Forstenrieder Parks als Waldgebiet. Und das Ergebnis von Schilchers richtungsweisender Taxation bestimmt im Forstenrieder Forst auf 50 Jahre einen jährlichen Hiebssatz von 1.880 Klafter Buche, 2.400 Klafter Fichte, 130 Klafter Föhre, 200 Klafter Birke und Eiche.

Das Hofjagdgebiet bleibt erhalten. Allerdings unterbreitet 1807 der kgl. Oberförster Franz Ignaz Dillis „allleruntertänigste und unmaßgebliche Vorschläge, wie eine bessere und auf den nachhaltigen Ertrag berechnete Forstwirtschaft vorgenommen werden könnte, ohne dadurch der kgl. Jagd zu schaden". Die gewünschte Neueinrichtung findet dann 1810 auch statt. Bereits im Jahr zuvor werden statt der historischen Jagdschneisen die bis heute den Forstenrieder Park prägenden regelmäßigen Geräumte mit je 200 Tagwerk Größe angelegt.

Auf der Schotterebene ist dies eine vergleichsweise einfache Methode zur Erschließung, ebenso ein Maßstab für die neuen Formen der Nachhaltigkeit. Die frühe Flächennachhaltigkeit ist hier leicht nachzuweisen, indem je Zeitabschnitt mindestens so viel Fläche nachgepflanzt wird, wie vorher gefällt wurde. Die spätere und umfassendere Massennachhaltigkeit kann auf dieser Basis leichter aufgebaut und entwickelt werden: Mit verbesserten Berechnungsmethoden gelingt es, auch das stehende Holz in seiner Masse abzuschätzen. So hilft die Landesvermessung der Nachhaltigkeit in die Zukunft Bayerns. Die Massennachhaltigkeit und die Taxation sind zu Beginn des 19. Jahrhunderts Bestandteile der langfristigen forstbetrieblichen Planung (Forsteinrichtung) zu sehen. Denn nur wenn man weiß, wie viel Holz auf einer Fläche steht, weiß man, wie viel man höchstens entnehmen darf, um nachhaltig zu arbeiten. Die Massennachhaltigkeit sichert so die nachhaltige Entnahme von Holz – ein Standart, der erst in den 1960er Jahren von der erweiterten Funktionennachhaltigkeit abgelöst wird. „Die Staatsforst-Verwaltung huldigt hinsichtlich der königlichen Forste dermalen einem streng conservativen Prinzip und macht es sich zur Aufgabe, die höchst mögliche Produktion... zu erzielen, den Waldstand zu vervollkommnen... und in jeder Beziehung mit gutem Beispiel voranzuleuchten", fasst die Forstverwaltung Baierns 1844 ihre „Wirthschaftsgrundsätze" zusammen. Die Wälder sollen in Hochwälder überführt werden, „zu Laubholz überall, wonur irgend die Bestandesbeschaffenheit die hierzu nöthigen Mittel noch gewährt; zu Nadelholz, wo der herabgekommene Waldstand es nicht mehr anders gestattet".

Die Aufforstung der staatlichen Forstwiesen und anderer Freiflächen stellt sich als jahrzehntelange Herausforderung dar. Als endlich ein Holzbodenanteil von 89% erreicht ist, führt 1889 bis 1892 die Massenvermehrung eines Insekts, der Nonne, zu 800 Hektar Kahlflächen. Etwa 550.000 Festmeter Holz fallen während der „Nonnenkatastrophe" an. Die Aufforstung der Flächen findet überwiegend mit Fichte statt, die so weitere 100 Jahre die dominierende Baumart im Forstenrieder Park bleibt. Deutlich wird aber auch, dass es mit der nachhaltigen Forstwirtschaft gelungen ist, die heruntergewirtschafteten Wälder wieder aufzubauen und selbst Naturkatastrophen wie Insektenfraß und Sturm zu überstehen. Der Waldgürtel im Süden Münchens bleibt erhalten. (jav)

Der Grabstein des Oberförsters Max Thoma

ℹ Das Forstamt in Forstenried – Forster, Parkmeister und Forstmeister

Schon im ersten Dienstjahr des Forsters Adam Böhamb brennt 1701 das über 200 Jahre alte hölzerne Forsthaus zu großen Teilen ab. Die folgenden Jahre setzt sich der engagierte Forstmann nicht nur für seinen Wald und damit gegen die Ansprüche des Grafen Hörwarth auf Poschenried ein, er wohnt auch im notdürftig gerichteten Amtshaus und muss sich 25 Jahre um einen Neubau bemühen. Dies tut er anlässlich jagdlicher Zusammentreffen auch immer wieder an höherer und an höchster Stelle, sodass Kurfürst Max Emanuel 1717 den „halben Märzenhof in Forstenried um 1200 fl. (kauft) und denselben (...) als Dienstgrund zum Forstdienstbesitz" gibt. Es beginnt nun eine Zeit von Kalkulationen, Ausschreibungen und Einsparungen, „waß des Forstners Behausung zu Forstenriedt sambt der Stallung auf 8 Pferd und 14 Küh, welche behaußung und stallung 36 schuh breidt und 100 schuh lang wie der grundriß zeicht. (...) dießes haus soll 2 gadten hoch werdten und der undere gadten wird von einem stain dickh gemauert und der obere gadten wird in Rigl gebauth. dann soll einen Hundsstallung (...) gebauth werden (...) und denen hunds Jungen unter dem Dachstuhl soll eine Kammer gemacht werden zum liegen". Den Behörden scheinen Holzbedarf und Kosten zu hoch, bis Forster Böhmab am 28. September 1722 schreibt, „Euer Churf. Durchlaucht möchten gnädigst geruhen, die nunmehr schon zum drittenmal geschöpfte gnädigste resolution wirklich vollziehen zu lassen". Nach weiteren vier Jahren wird das neue Forsthaus 1726 bei Kosten von 2200 fl. gebaut, 1728 kommen für 149 fl. 30 Cr. noch Wasch-, Back- und Hühnerhaus dazu. 27 Jahre für ein Forsthaus in einer Zeit, als die Schlossanlage Forstenried innerhalb zweier Jahre errichtet wird. Reparaturen, etwa infolge Hagels für das Dach, wollen die vorstehenden Behörden stets zu Lasten des Försters abwickeln. Das Hofbauamt gesteht 1756 zu, dass „diese Kosten nit wohl dem Forster zu übertragen seyen, (weil im) Forsthaus der ganze obere Stockh für die öfters ankommende par force Jagd Offiziere und Jäger, darunter ein Zimmer für den Obristhofjägermeister, vorbehalten ist, auch die Gnädigste Herrschaften allda die frustuckh oder Mittagsmahl einzunehmen pflegen". So werden die Kosten übernommen, solange nicht die ebenerdige Wohnung und die Nebengebäude des Amtsinhabers direkt betroffen sind.

Die Berufung zum Forster geht in Bayern oft vom Vater auf den Sohn über. Der jüngere Jägerhuber, Max Anton, tritt seinen Dienst Ende 1793 an und wird der erste Parkmeister. Er erwirbt auch im nordwestlichen Park das 1717 errichtete baufällige ehemalige Fasanenhaus, dazu 1804 200 Tagwerk ehemalige Forstwiesen, um dort eine Ökonomie zu gründen: den Maxhof. Dieses Mustergut wechselt im 19. Jahrhundert häufig den Besitzer, wird zum Spekulationsobjekt, bis es schließlich zerstückelt als Gartenstadt Maxhof zu einem Vorort Forstenrieds und Münchens wird.

Das Forsthaus bildet bis heute eine selbstverständliche Einheit mit der Kirche zum Heiligen Kreuz, dem Friedhof und dem Pfarrhaus. "Im Dorfkern Forstenried findet man nicht nur das frühere Wegenetz und die althergebrachte Anordnung der Gebäude wieder. Neben einigen alten Bauernhöfen sind wichtige funktionale Elemente der dörflichen Struktur erkennbar geblieben, nämlich die Wallfahrtskirche, der Friedhof, zwei Gasthöfe, das Forsthaus, die Schule, das Feuerwehrhäusl, das Kriegerdenkmal und die Maibaumtradition. Dies hat (um 1980) gerechtfertigt, den Dorfkern als Ensemble unter Denkmalschutz zu stellen." Die Einigkeit zwischen dem Churf. Oberförster und Parkmeister Max Jägerhuber und der Kirchenverwaltung geht 1808 so weit, dass der Förster eine alte Grabkapelle wegreißen lässt, weil die Friedhofsmauer „an sein Wohngebäude anstößt, wegen der für dasselbe hierdurch herbeigeführten großen Feuchtigkeit soll (sie) also versetzt werden, dieser Teil des Friedhofs ganz cessiert und ein Teil von eben der Größe von den Forstners Garten sollte dafür hergegeben werden". Auf dem Friedhof gibt es heute noch einige Hinweise auf Holzhauer und Förster. Darunter auch der Vater des Schriftstellers Ludwig Thoma: Oberförster Max Thoma lässt sich 1873 nach einem folgenschweren Zusammentreffen mit Wilderern von der Vorderriß hierher versetzen.

„Das im ausgehenden 12. Jahrhundert zur Pfarrei erhobene Dorf Forstenried zeichnet sich nicht nur durch die aus dem 15. Jahrhundert stammende Kirche Hl. Kreuz, sondern auch durch einen größeren Bestand bäuerlicher Anwesen aus dem 18. und 19. Jahrhundert aus, die zusammen die Erinnerung an das ehemals charakteristische, dörfliche Raumbild wach halten", so das Bayerische Landesamt für Denkmalschutz. Die Postkarte zeigt die Situation mit Forsthaus, Kirche und Pfarrhaus um 1938.

WALD, WIESEN UND HOLZ – DIE VIELFÄLTIGE NUTZUNG DES FORSTENRIEDER PARKS

Alte Rechte im landesherrlichen Wald

Auf dem Forstenrieder Park, der bereits 1399 Wittelsbacher Besitz wird, lasten um 1800 verschiedenste Nutzungsrechte der Bewohner anliegender Orte. Sie haben sich meist über Jahrhunderte ausgebildet und werden oft nur gewohnheitsmäßig ausgeübt, im schlimmsten Fall sind sie in Art und Umfang nicht ausreichend beschrieben oder fixiert.

Diese Fälle gibt es oft, da man bei Vergabe oder Zugeständnis der Rechte vor mehreren hundert Jahren von damaliger Bevölkerungsdichte und Mittelverfügung ausgeht. Forstrechte sind Dienstbarkeiten, auch Servitute genannt, die ein dingliches Nutzungsrecht an einer fremden Sache erlauben. Im Forstenrieder Park ist es zum Beispiel das Recht, mit dem eigenen Vieh auf fremden Grund, dem Staatswald, auf Blumbesuch zu gehen, also das Vieh dort weiden zu lassen. Wesentliches Kennzeichen der Nutzungsrechte ist ihre Bindung an einen landwirtschaftlichen Betrieb. Sie sind grundsätzlich nicht übertragbar, auch nicht handel- oder verkaufbar. Und sie können bei Nichtnutzung beziehungsweise Nichtausübung erlöschen.

Einen erheblichen und dabei üblichen Missbrauch der Rechte zitiert der Taxator Schilcher mit einem „Aktenstück von 1579 ... Nach diesem werden aus dem „Payprunner Vorst jährlich 3670 Fuder Holz abgegeben. Ein Fuder soll nit mehr sein als ein Waldklafter, aber die pauren füren ein mehreres (und) gibt das fuder etwa zwo etwa anderthalb Waldklafter. Es wird als Tatsache beschrieben, dass die Bauern jährlich 2.000 Fuder Holz nach München verkaufen ... sowie 1.000 Fuder Aichen pauholz ... Beides zusammen thut iarlich 6.670 Fuder holz ... und ist also leichtlich daraus zu verstehen die rechte Ursach, warum dieser Forst verwüstet und verschlagen sei, 3.670 Fuder thut in zwanzig iaren 133.400 Fuder, das wechst in hundert iaren nimmer herwider ... Um dem Übel zu (begegnen), schlägt der Verfasser der Forstordnung vor, dass den Bauern soviel Holz überwiesen werden solle, als sie für ihre Wirtschaft brauchen". Die ursprünglich bedarfsorientierten Forstrechte sichern mit dem Bezug von Holz, der Waldweide und der Nutzung der Waldstreu oft die existenzielle Grundlage der ländlichen Bevölkerung.

Die Fixierung und Ablösung der Forstrechte wird seitens der Forstverwaltung als Voraussetzung einer nachhaltigen Waldbewirtschaftung erkannt und durchgesetzt. Ein kurfürstliche Mandat vom 18. Januar 1805 regelt die Ablösung von Holzrechten gegen Waldfläche. Für einen Klafter Holzbezugsrecht wird ein Tagwerk Wald guten Zustandes gewährt. Auf dem Forstenrieder Park lasten in dieser Zeit seitens verschiedener Hofmarken, Pfarrpfründe und Schulen Bezugsrechte von 563 Klafter Buchenholz,

285 Klafter Fichtenholz und 45 Klafter Eichenholz. Streurechte werden von allen anliegenden Dörfern bis Moosach, Großlappen und Feldmoching ausgeübt. 1790 werden Weiderechte der Orte Forstenried, Solln, Baierbrunn, Schormeierhof, Buchendorf, Krailling, Planegg und Neuried auf „schätzungsweise 150 Pferde und 700 Stück Rindvieh" geschätzt. Die Anwohner von 27 Ortschaften treiben ihr Vieh ein und entnehmen Streu. Der Wald selbst ist genauso übernutzt wie die Forstwiesen, die ein Drittel der Fläche des Parks ausmachen und deren „Kultur (um 1798) die Benützer (...) aus Forstenried ganz gröblich vernachlässigen". Sie sind „so verwildert, dass sie nur 50 Fuder schlechtes Heu und etwa 200 Klafter Holz jährlich erbrachten. Die Forstwiesen waren große Flächen in landesherrlichen Forsten, auf denen seit Jahrhunderten die Grasnutzung den Untertanen, die Holznutzung den Landesfürsten zustand. Der Spruch hieß: Reicht der Busch dem Ritter an die Sporen, so ist dem Bauern der Grund verloren. Das war das alte Forstgesetz, nach dem alles Gehölz dem Landesfürsten zustehen sollte auf Grundstücken, die von den Untertanen vernachlässigt wurden, dass auf ihnen Bäume wuchsen."

Die damaligen Forstwiesen passen auch nicht mit dem heutigen Verständnis von Wald zusammen. Sehr anschaulich beschreibt Christian Friedrich Mayer 1813 die Forstwiesen: „Man denke sich mitten im Walde oder an dessen Grenzen einen Terrain mit einzelnen, größten-

theils verkrüppelten alten Eichen, mit dergleichen Föhren und Fichten zum Oberwuchs, zum Unterwuchse aber mit einer Menge Wachholder- oder Kranewittsträuchern bestanden, (...) von denen das einzeln stehende langhalmige Gras jährlich einmal entweder zur Fütterung des Viehs oder wohl gar zur Streu abgemähet wird." Die Forstwiesen unterbrechen den ohnehin nicht geschlossenen Wald flächig und zeigen dessen Bedeutung als landwirtschaftliche Nutzfläche. Sie sind wichtig für den Lebensunterhalt der lokalen Bevölkerung. Bis 1804 werden viele innerhalb des Parks gelegene Forstwiesen gegen Wald außerhalb des Parks abgelöst: rund 1.700 Tagwerk. Einen Eindruck der Forstwiesen kann man heute im Forstenrieder Park mit dem Eichelgarten gewinnen. (jav)

Der „Plan des Churfürstlichen Forstes Forstenried" ist eine Zusammenfassung der Zustände „so 1791 nebst allen Forst-Gränzen, und darin sich befindlichen Unterthans aufgenommen, und der Waldstandt beschrieben worden." Der Plan wird beherrscht vom hellen Grün der „Churfürstlichen Forst Wiesen, worauf verschiedene Unterthanen mähen, und worauf jung und alte Eichen, Stein- und Hagnbuchen, auch Linden und Birken stehen". Der Forstenrieder Park ist kein geschlossener Wald, sondern eine locker bestockte Fläche, mit dem heutigen Eichelgarten vergleichbar.

Waldarbeit im Park

Verhältnisse wie im Mittelalter

In den Wäldern des Forstenrieder Parks herrschen wie im gesamten Königreich Bayern bis zur Mitte des 19. Jahrhunderts Verhältnisse wie im Mittelalter. Über drei Viertel des Holzes ist schlicht Brennholz für Haus und Industrie. Einschlag und Aufarbeitung des Holzes erfolgen oft durch den Käufer. Die notwenige Verbesserung und Optimierung der „Holzfabrication", also Fällung und Aufarbeitung von Bäumen und Stämmen, wird in der Königlich Baierischen Forstverwaltung ab 1844 intensiv diskutiert. Bis zur 1848er Revolution finden Kultur- und Wegebauarbeiten oft durch Frondienste der anliegenden Dörfler und durch die Personen statt, die wegen Forstfrevels, zum Beispiel Holzdiebstahl oder Wilderei, eine Strafe ableisten müssen. Die Holzhauer arbeiten mit einfachem Werkzeug. Fällaxt, Astaxt und Spaltaxt werden vom örtlichen Schmied kostengünstig hergestellt. Die teuren Sägen verbreiten sich nur langsam. Als lohnenswerte Anschaffung dienen sie den Holzfrevlern, da mit den Sägen leise gearbeitet werden kann. Bezeichnet werden sie daher als Schinderblech. (jav)

Berufe im Forstenrieder Park

Verschiedene forst- und holzwirtschaftliche Berufe können für die Zeit von 1891 – 1911 im Forstenrieder Park nachgewiesen werden. Die intensivierte Holzwirtschaft führt zu Arbeitsteilung und Spezialisierung. Die aufgeführten Berufe sind für Baierbrunn dokumentiert, in den umliegenden Gemeinden dürfte es jedoch ähnlich gewesen sein. Im Park arbeiten Baugehilfe, Erdarbeiter, Feldknechte, Forstarbeiter, Holz- u. Ökon. Arbeiter, Holzarbeiter, Holzfäller, Holzhacker, Holzhauer, Holzknecht, Holzmeister, Knecht, Landw. Arbeiter, Säger, Taglöhner, Torfarbeiter, Torfstecher, Waldarbeiter, Zimmermann.

Bei den Berufen nehmen die Holzarbeiter mit 39 und die Waldarbeiter mit 38 Personen 1891 einen Spitzenwert ein. Dies liegt auch an der Nonnenkatastrophe (siehe Seite 142f.), denn die Aufarbeitung der befallenen Bestände dauert von 1889 bis 1893. Dabei schneiden die Säger direkt vor Ort die Stämme zu Blöchern und Dielen. Die Sortierung des Holzes findet direkt im Wald statt, so wird auch der Transport erleichtert. Säger gibt es auch in den umliegenden Dörfern, wo keine Wasserkraft zum Betrieb von Sägewerken zur Verfügung steht.

Bezahlt werden die Säger nach Leistung, also nach laufenden geschnittenen Metern. Mit der Elektrizitätserzeugung im Isarwerk Höllriegelskreuth und dem Bau der Stromleitung durch den Park nach Pasing verändert sich das Sägegewerbe. Schon 1896 kommen stromgetriebene Gattersägen in Pullach, Solln, Forstenried und Fürstenried zum Einsatz. Dazu werden die Baumstämme aus dem Wald direkt zu den Sägewerken gefahren. Das Schneiden von Balken und Bohlen direkt im Wald geht stark zurück, der Beruf des Sägers im Park wird überflüssig und stirbt schließlich aus. (A.H.)

Die Holzausfuhr aus dem Wald erfolgt auf die verschiedensten, aber immer mühseligen Verfahren. Stammholz zieht man mit Ochsen und Pferden zu Rampen, an denen die Fuhrwerke beladen werden. Brennholz wird auf der Schulter oder der Kraxe zu Ochsenkarren und Pferdewagen getragen. Das Holz wird dann bei geeignetem Wetter, irgendwelchen gut erscheinenden Karrenspuren folgend, aus dem Wald zum örtlichen Verbraucher gebracht. Obwohl der Bau der Wittelsbacher Lustschlösser bereits 100 Jahre vorher andere Transportmöglichkeiten beweist, muss ein Ferntransport von Holz ausgeschlossen werden. Und auch das ab 1830 fertiggestellte bayerische Hauptstraßennetz soll nicht mit Waren- und Holztransport blockiert werden. Die Starnberger und die Wolfratshauser Landstraße werden nicht befahren. (jav)

WALD, WIESEN UND HOLZ – DIE VIELFÄLTIGE NUTZUNG DES FORSTENRIEDER PARKS

Holzrutschen zur Isar

Der Transport des im Wald gewonnenen Holzes ist wegen der Menge und des Gewichtes Jahrhunderte lang problematisch. Dies liegt zum einen an der Dimension, zum andern an der Zuladung auf die Fuhrwerke und dem schlechten Wegenetz. Daneben steht die Isar als Transportmittel zur Verfügung. Um das Holz an die Isar zu bekommen, werden in den Hängen sogar Holzrutschen eingerichtet. In den Wintermonaten ziehen Pferdegespanne die Baumschlitten auf drei nachweisbaren Fahrwegen zur Holzrutsche an den Isarhang. Einer ist heute noch als Schulweg in Buchenhain bekannt. Der zweite führt in einem langen südlichen Bogen an die Holzrutsche. Über den dritten Weg werden die Bäume entlang der Landstraße vom nordöstlichen Teil des Parks angeliefert. Verschiedene Pläne lassen die „Holz Einwurfs Ruttsche" oder „Beibruner Holz Riß" östlich der heutigen Siedlung Buchenhain erkennen. Diese Holzrutsche existiert mindestens seit 1797 bis in die Jahre nach Inbetriebnahme der Eisenbahn ab 1891. Unten an der Isar werden die Stämme und Abschnitte dann zu Flößen verbaut und in Richtung München geflößt. (A.H.)

Diese Forstenrieder Holzhauer lassen sich 1926 am Karl-Geräumt ablichten. Die Kleidung besteht aus einem normalen Arbeitsgewand, die Ausrüstung besteht aus Äxten und wenigen Sägen. Entsprechend läuft die Arbeit ab: Zwei Holzhauer schlagen mit der Axt den Fallkerb, wiederum zwei sägen von hinten den Stamm bis zur Bruchleiste. Unterstützt werden sie von einem oder zwei die Fällkeile hineintreibenden Männern. Das händische Holzhauen ist damals wie heute eine Gemeinschaftsarbeit. Auch im Forstenrieder Park bildeten sich dafür Rotten, eingespielte Teams, bei deren gefährlicher Arbeit jeder Handgriff sitzen musste.

Die Holzrutschen sind umfangreiche und eindrückliche Konstruktionen, für die sich ein Fotograf mit der damaligen schweren und teuren Ausrüstung auch einmal in den tiefen Wald wagen muss. Nicht ohne Stolz stehen die Holzhauer auf ihrer Konstruktion, mit dem Sappi in der Hand Arbeit vortäuschend.

Die Ernte der Massensortimente, zu denen auch die mittelstarke Fichte gehört, findet seit den Stürmen Vivian und Wibke 1990 überwiegend mit hoher Mechanisierung statt. Bei wertvollen Starkhölzern und bei besonderen waldbaulichen Erfordernissen wird von Hand gearbeitet.

Trift und Flößerei werden in Oberbayern von der königlichen Forstverwaltung sehr einträglich betrieben. Bei der Trift werden die Stammabschnitte ungebunden, bei der Flößerei dagegen zum Floß gebunden transportiert. „Die Triften, welche eine eigene Abtheilung im Wirkungskreise der bayerischen Forstverwaltung bilden, und von ihr geleitet werden, haben den Zweck, zur Bequemlichkeit des Publikums und Förderung des Holzabsatzes in entfernten größeren Waldcomplexen, einen Theil ihres Ertrages auf Bächen und Flüssen den bevölkerten Gegenden zuzuführen und dort zu verwerthen." Die Haupttriftanstalten liegen in den Holzüberschussgebieten, die Verwaltung für Oberbayern in München an der Schellingstraße. Die Isar ist eine wesentliche Achse für den Holzbezug aus dem Oberland. Der wichtigen Aufgabe der Holzversorgung entsprechen die Regeln: „Die Arbeitsstunden für das Triftgeschäft dauern von früh 5 Uhr bis Mittags 11 Uhr und von 1 Uhr bis 7 Uhr Abends. Wenn es die Noth erfordert, darf die Arbeit selbst an Sonn und Feiertagen nicht unterbrochen werden", verordnet das königliche Forst- und Trifftamt am 8. April 1869. (jav)

Von der Axt zum Computer

Die Arbeit im Wald hat sich von der Handarbeit mit der Axt über die Etablierung der Motorsägen bis zum computergesteuerten Harvester entwickelt. Spätestens die Sturmwürfe Vivian und Wibke führen im Spätwinter 1990 mit 23 Millionen Festmeter Holz zu einer großen Mechanisierungswelle im bayerischen Staatsforst. Auch im Forstenrieder Park kann den gewaltigen Holzmengen fast nur hochmechanisch begegnet werden. Auch weil die Arbeit in den Windwurfflächen für die Waldarbeiter sehr gefährlich ist. Mit den aus Baggern fortentwickelten Harvestern oder Kranvollerntern wird das Holz nicht nur gefällt und entastet, sondern auch in der Länge eingeschnitten. Äste und Gipfel bleiben im Wald, die kundengerecht geschnittenen Stammabschnitte werden zur Waldstraße geliefert. Die Holzernte standardisierter Massenware wird heute überwiegend von Harvestern ausgeführt. Die am Forstbetrieb München beschäftigten Waldarbeiter werden vorrangig in wertvollen Altbeständen und qualitativ hochwertigen Hölzern eingesetzt. Immer noch sind Waldarbeit und Arbeitsabläufe aus verschiedenen Gründen an die Jahreszeit gebunden. Daran ändert wohl auch der Harvester erst einmal nichts. Allerdings wird die Logistik laufend optimiert und das Holz zunehmend „just in time" bereitgestellt. (jav)

ℹ️ Was man im Wald alles gewinnen kann – Rohstoffe, Wärme und auch Strom?

Wenn man den Wald auf seine offensichtlichen Nutzfunktionen beschränken würde, stünde die Funktion als Rohholzquelle sicher im Vordergrund. Daneben gibt es aber viele weitere Produkte und Bewirtschaftungsmöglichkeiten. Unter diesen forstlichen Nebennutzungen werden Herstellung oder Gewinnung aller Produkte des Waldes und des Waldbodens zusammengefasst. Typische Nebenprodukte sind Christbäume und Schmuckreisig, Beeren, Pilze und andere Produkte, wie Harz, Rinde und Kork. Nebenprodukte des Waldbodens sind dagegen Waldweide und Streunutzung sowie der Abbau von Torf, Kies, Sand, Steinen und Erden.

In seiner historischen Nutzung hat der Forstenrieder Park schon einen ganzen Schwung dieser erweiterten Palette geliefert, allen voran natürlich die Jahrhunderte lange Waldweide und dann die Streunutzung. Im Ottertal wird in einem Steinbruch Nagelfluh abgebaut. Einige Kiesgruben werden in erster Linie für die Eigenversorgung im Rahmen des Wegebaus eingerichtet – angefangen in der Römerzeit. Wesentlich moderner ist hingegen die Bereitstellung oder Verpachtung von Flächen für die Versorgung mit Wasser, Gas oder Stromtrassen. Selbst für Mobilfunkmasten besteht seit den 1990er Jahren ein Markt – und in jüngster Zeit kommen auch die regenerativen Energien und ihre Diskussion ins Spiel.

Der Forstenrieder Park leistet wichtige Beiträge zum Klimaschutz: In seinen Bäumen bindet er genauso CO_2 wie im geernteten Rohstoff Holz. Selbst wenn dieses verbrannt wird, ersetzt es, zu Hackschnitzel oder Holzpellets verarbeitet, fossile Brennstoffe wie Gas und Öl. Zur Verringerung des CO_2-Ausstoßes trägt seit 2005 auch die Gemeinde Pullach mit ihrem Tiefengeothermie-Projekt bei. 2010 wird die Anlage am östlichen Preysing-Geräumt durch eine dritte Bohrung erweitert: Hier wird das Pullacher Thermalwasser nach dem Wärmeentzug wieder reinjeziert. Dies hält die hydraulischen Druckverhältnisse im Untergrund stabil. Die Gesamtanlage leistet nun 12 bis 15 „geothermische Megawatt" – genug für die Wärmeversorgung von über 1100 Haushalten, Gewerbebetrieben und öffentlichen Einrichtungen.

Die dritte Bohrung liegt in Landschaftsschutzgebiet und Bannwald des Forstenrieder Parks. Zur Genehmigung ist eine „spezielle artenschutzrechtliche Prüfung" erforderlich. Zum Ausgleich der Flächeninanspruchnahme von 1050 m² wurde eine 1,5 mal so große ehemalige Ackerfläche in der Nähe des Warnberger Feldes angrenzend zum Park, ausgewiesen. Hier wächst nun ein Eichen-Hainbuchen-Mischwald. Auch der ehemalige Bohrplatz wird bis auf eine notwendige Restfläche zurückgebaut und im Frühjahr 2012 wieder aufgeforstet. Mit der Pullacher Anlage wird jährlich der CO_2-Ausstoß von über 10.000 Tonnen eingespart. „Um diese Menge CO_2 zu binden, wäre eine Waldfläche von 714 Hektar erforderlich", so Ralph Baasch von der Gemeinde Pullach. „Auf der für die Bohrung in Anspruch genommenen Waldfläche wird damit die Emission der 6.800 fachen Menge CO_2 vermieden. Die forstliche Nebennutzung durch Geothermie bringt die Bedürfnisse von Mensch und Natur besonders innovativ zusammen".

Der Bohrturm für die Bohrung am Rande des Forstenrieder Parks im Frühjahr 2011.

Die durchaus auch innovative Windkraft und ihre großen Rotoren bekommt im Sinne der Erholungsnutzung im Forstenrieder Park eine eigene Bedeutung. „Wald unter Strom" überschreibt Wilhelm Breuer seine Diskussion über das Für und Wider von Windenergie im Wald. Denn der Raum für Windenergieanlagen wird knapp, auch wenn mittlerweile von 200 Meter hohen Masten gesprochen wird. In dieser Höhe ist nahezu jede Anlage rentabel, und politischer Wille ist vorhanden. „Die Windenergiewirtschaft boomt, ihre Technik fasziniert, (und sie ist) gewinnbringend". Allerdings machen sich wenige eine wirkliche Vorstellung von der tatsächlichen erforderlichen Anzahl der Windkraftanlagen, die zum Erreichen der Energiewende beitragen müssten. Auch im Wald? „Der Schritt der Branche in den Wald wird unsere Sehgewohnheiten vor einige Herausforderungen stellen", so Breuer. Und man muss kein Prophet sein oder zu viel Phantasie haben, um sich eine Windkraftanlage im Forstenrieder Park vorzustellen, mit Masten, die etwa fünf mal so hoch sind wie der Wald. Natürlich sind den potentiellen Betreibern, aber auch der Politik, die Bedenken betroffener Bürger bekannt. Im 2010 veröffentlichten „Bayerischen Windatlas" werden unter den Kapiteln „Nutzung", „Anwendungsbeispiel" und „Vergütung" sowie dem eingefügten Kartenteil zur Ermittlung des Windfeldes die Möglichkeiten von Windkraftanlagen geprüft. Das Ergebnis ist so einfach wie einleuchtend: je höher der Rotorturm, desto effizienter die Anlage. Dazu kommt natürlich noch die rentabilitätsverschiebende finanzielle Förderung. Damit sind Windkraftanlagen in Abhängigkeit zu ihrer Abschreibungszeit nahezu überall in Bayern effizient zu betreiben. Auch im Wald, oder besser: über dem Wald. Auch im Forstenrieder Park. Die „Rechtlichen Rahmenbedingungen für die Errichtung von Windkraftanlagen" nennen natürlich die fallweise notwendigen immissions- und bauschutzrechtlichen Genehmigungspflichten, ebenso die erforderliche Umweltverträglichkeitsprüfung (UVP) und das Raumordnungsverfahren. Letztlich fasst aber Wilhelm Breuer den eher seltenen politischen Willen zum Konsenz zusammen, dass „den Investoren ein planungssicherer roter Teppich ausgerollt wird – in den Wald". Die Gesellschaft wird zeigen, ob und wie sie ihre „Sehgewohnheiten" ändern will. In der Diskussion finden sich derzeit alle Parteien, Gruppierungen, Nutz- und Schutzverbände und natürlich auch die Grundeigentümer mit ihrem Recht auf die freie Nutzung ihres Eigentums. Der Forstenrieder Park stünde nach seinem heutigen Schutzstatus, damit eben ohne als Naturschutzgebiet ausgewiesen zu sein, in voller Fläche sehr nahe des roten Teppichs. Zumal die Bundesautobahn und die Stromleitungstrasse bereits als „Störungszonen" gelten. Ob ein Spalier 200 Meter hoher Windenergieanlagen in und um den Forstenrieder Park die Landschaft allerdings bereichern würde, mag man mit Max von Seidl beurteilen, der sich weitsichtig und maßgeblich für Schutz und Pflege des Isartals und seiner Umgebung sowie die Erhaltung der landschaftlichen Schönheiten einsetzt: „Was kann, was soll geschehen, um unseren Kindern wenigstens einen Teil des schönen Erbgutes ihrer Heimat zu retten, des Isartals". Die Windenergieanlagen des Forstenrieder Parks wären auch im Isartal zu sehen. (jav)

Nachhaltige Forstwirtschaft im Forstenrieder Park

Der hohe Fichtenanteil, der heute den Forstenrieder Park charakterisiert, ist letztlich eine Folge der Jahrhunderte langen Übernutzung und Waldweide. Die Fichte ist für die Wiederaufforstungen ab 1835 besonders gut geeignet, weil sie im Vergleich zu unseren heimischen Laubbaumarten relativ anspruchslos ist. Auch ist sie gegenüber Graswuchs durchsetzungskräftig und nicht frostempfindlich. So ist die Fichte bis heute die dominierende Baumart mit einem Anteil von 64 % geworden. In der Regel sind diese typischen etwa 80- bis 100jährigen Fichtenbestände einschichtig. Die zweithäufigste Baumart ist mit 12 % die Buche. Das Verhältnis von Nadelholz zu Laubholz beträgt etwa 70 zu 30.

Die Bewirtschaftung des Staatswaldes durch den Forstbetrieb München hat heute besondere Ziele. Die fachspezifische Planung und das forstliche Handeln orientieren sich an der Optimierung des Gesamtnutzens aller Waldfunktionen. Neben der Nutzfunktion gehören dazu vielfältige Schutzfunktionen und Wohlfahrtswirkungen des Waldes, besonders auch die Naherholung. Eine einseitige Ausrichtung nach höchster Produktivität oder Gewinnmaximierung findet nicht statt. Der forstliche Begriff der Nachhaltigkeit beschränkt sich nicht mehr auf Kriterien wie Zuwachs oder Vorrat der Waldbestände. Kernaufgabe ist es, das Gedankengut der Nachhaltigkeit auch auf ökologische und gesellschaftliche Ansprüche anzuwenden. Dabei ist die Gewährleistung der Vorratsnachhaltigkeit das Fundament, das die Säulen der sonstigen Waldfunktionen trägt. Bei einem jährlichen Zuwachs von 172.071 Festmetern und einem Hiebssatz von aktuell 166.700 Festmetern sind diese grundlegenden Voraussetzungen am Forstbetrieb München erfüllt. Es wird weniger Holz entnommen, als nachwächst. In unmittelbarer Nachbarschaft zur Großstadt München wundert es nicht, dass der Forstenrieder Park eine Vielzahl von Waldfunktionen aufweist, die dauerhaft und nachhaltig erbracht werden sollen. Für den Waldbesucher offenkundig ist das Wegenetz, das ohne Einschrän-

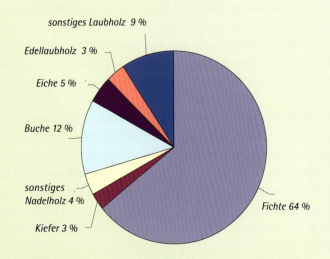

Die Baumartenverteilung im Forstenrieder Park

kung für die Erholungsfunktion zur Verfügung steht. Daneben beziehen einige der angrenzenden Gemeinden ihr Trinkwasser aus dem Forstenrieder Park. Und die klimatologische Bedeutung des über 3.800 ha großen Waldgebiets wird durch die großflächige Ausweisung von Immissions- und Klimaschutzfunktionen dokumentiert. Die dauerhafte Bereitstellung all dieser Allgemeinwohlleistungen beinhaltet der moderne Nachhaltigkeitsbegriff, der wesentlicher Auftrag für den Forstbetrieb München ist. Nachhaltigkeit bedeutet jedoch auch Daseinsvorsorge und Risikomanagement. Dies ist eine forstliche Aufgabe, der im Forstenrieder Park mit der Dominanz der Fichte besondere Bedeutung zukommt. Die Bewirtschaftung der aus kühl-feuchten Klimaten stammenden, flach wurzelnden Baumart Fichte ist auf Böden mit kritischem Wasserhaushalt weniger Routine als forstliche Herausforderung. Diese stellt sich im Forstenrieder Park jährlich aufs Neue. Zusätzlich würde angesichts des Klimawandels ohne Anpassung der Baumartenzusammensetzung und Bestandesstrukturen die waldbauliche Herausforderung zum riskanten Glückspiel werden.

Der Forstenrieder Park soll dauerhaft Wald bleiben. Dazu muss er den Rahmenbedingungen des nächsten Jahrhunderts standhalten können. Das höchste Risiko ist aus heutiger Sicht die zu erwartende Veränderung des Klimas. Neben einer Erhöhung der Jahresdurchschnittstemperatur werden vor allem regionale Veränderungen des Niederschlags und eine Zunahme von Extremereignissen erwartet. Da der Klimawandel sich aber in einem kontinuierlich fortschreitenden Prozess befindet, ist es ungleich schwerer, die relativ statischen und langlebigen Waldbestände auf die neuen Bedingungen vorzubereiten. Als Hilfsmittel für die waldbauliche Planung dienen Klimarisikokarten. Hier werden in Abhängigkeit der erwarteten Klimaveränderungen (Niederschlag/Temperatur) die Anbaurisiken für verschiedene Baumarten simuliert und dargestellt. Unter Berücksichtigung der standörtlichen Bodeneigenschaften sowie naturschutzfachlichen und landespflegerischen Aspekte können so die optimalen Mischungsverhältnisse von Baumarten für verschiedene Gebiete und Waldbestände geplant werden. In der aktuellen Klimarisikokarte ist das Anbaurisiko der Fichte für 2050 im Süden des Parks wesentlich geringer als im Nordteil. Im südlichen Bereich wird daher auch in Zukunft ein nennenswerter Fichtenanteil von etwa 70 % angestrebt. Im Unterschied zu den heutigen gleichförmigen Beständen werden allerdings naturnahe Wälder angestrebt. Diese sind in Höhe und Alter strukturiert und enthalten einen höheren Anteil von Mischbaumarten. Der neue Wald soll vor allem aus natürlicher Verjüngung entstehen. Im mittleren Teil, dem Bereich der tiefgründigeren Hochterrasse, ist ein Mischungsverhältnis von 60 bis 70 % Fichte zu 30 bis 40 % Laubholz, vor allem Buche und Edellaubholz, vorgesehen. Der nördliche Teil des Forstenrieder Parks ist von mittelgründiger Niederterrasse geprägt. Dort sollen Waldbestände begründet werden,

WALD, WIESEN UND HOLZ – DIE VIELFÄLTIGE NUTZUNG DES FORSTENRIEDER PARKS

die zu 40 bis 60 % aus Fichte, zu 10 % aus Eiche und zu etwa 30 bis 50 % aus Buche und anderen Laubholzarten bestehen. So kann sich ein stabiler, arten- und strukturreicher Wald entwickeln, der seinen vielfältigen Gesamtnutzen erfüllen kann. (W.S.)

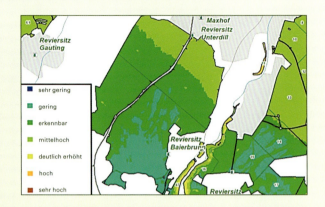

Die Klimarisikokarte 2050 zeigt die Prognose des Anbaurisikos für Fichte im Bereich des Forstenrieder Parks zwischen „gering" und „mittelhoch", an besonderen Standorten mit „deutlich erhöht".

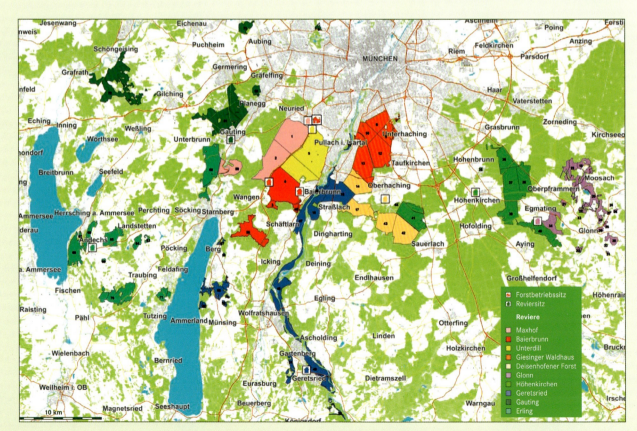

ℹ Bayerische Staatsforsten – Forstbetrieb München

In der über 250jährigen Geschichte der bayerischen Forstverwaltung scheint nichts beständiger als der Wandel, beschreibt Alois Schögl die Forstverwaltungsgeschichte. Zu Beginn wird 1752 eine Forstkommission eingerichtet, weil ein „höchst beschwerlicher Holzmangel" erwartet wird. Die für die Aufsicht der Wälder und Erhaltung der Ordnung zuständigen Beamten haben sich „durch ihre Nachlässigkeit vieles zu Schulden kommen lassen." Graf Larosée fasst zusammen, „wer nicht schmierte, erhielt auch ums Geld kein Holz". Der Forstkommission sind die Forstmeister unterstellt. „Die Wirksamkeit dieser Verwaltungsbehörde mußte sehr beschränkt bleiben; denn es fehlte an ausgebildeten Vollzugsorganen. Die Jagd hatte das Übergewicht, und die Revierförster waren in der Hauptsache Jäger". Einiges hat sich bis heute geändert, nach einigen Reformen, etwa im Rahmen der Landkreisreform 1973, zuletzt mit der großen Forstreform 2005.

Die Bayerische Staatsforstverwaltung ist heute in einen behördlichen Bereich, die Bayerische Forstverwaltung, und einen betrieblichen Bereich, dem Unternehmen Bayerische Staatsforsten aufgeteilt. „Die Bayerischen Staatsforsten pflegen die Wälder des Freistaats Bayern nach dem Grundsatz „Nachhaltig Wirtschaften". Drei Bereiche sind dabei in Balance zu halten: Erstens soll der Wald vorbildlich gepflegt werden und der Lebensraum seltener Tier- und Pflanzenarten geschützt werden. Zweitens ist der Wald für die Menschen da: zur Erholung, zum Spielen und als Arbeitsplatz im ländlichen Raum. Und drittens sollen die Bayerischen Staatsforsten wirtschaftlich erfolgreich sein.

Rund 2.900 Mitarbeiter in 41 Forstbetrieben und der Zentrale in Regensburg sorgen für eine nachhaltige Entwicklung im bayerischen Staatswald," beschreibt eine Imagebroschüre der Bayerischen Staatsforsten die Aufgaben des Unternehmens. Seit dem 1. Juli 2005 bewirtschaftet der Forstbetrieb München insgesamt 18.000 Hektar Staatswald. Darunter auch den Forstenrieder Park. „Die Waldgebiete südlich von München mit ihren ehemals königlichen Jagdrevieren stehen als Bannwälder (13.351 ha) unter Bestandsschutz. Sie sind dominiert von Fichten, werden jedoch in laubholzreiche Mischwälder umgebaut. Vor allem für die Münchner Bevölkerung ist der Wald mit seinen 435 km Wander- und Radwegen ein wichtiges Naherholungsgebiet (13.978,7 ha Erholungswald der Stufen 1 und 2). Ein besonderer Erholungsschwerpunkt ist der Forstenrieder Park, dessen Bestand an Rot-, Dam- und Schwarzwild an Schaufütterungen zu beobachten ist. Mehr als 2.100 Hektar dienen vorrangig dem Naturschutz. Einzigartige Libellenhabitate finden sich in den Hochmooren und Isarauen." Natürlich sind die insgesamt vorratsreichen Wälder auch für den wirtschaftlichen Erfolg des Unternehmens von Bedeutung.

Revierkarte des Forstbetriebs München: Die Waldfläche umfasst 18.015 Hektar, die auf zehn Reviere aufgeteilt sind. Der errechnete jährliche Zuwachs liegt bei 172.071 Festmeter Holz. Genutzt wird davon ein jährlicher Hiebssatz von 166.700 Festmeter. Insgesamt sind 53 Mitarbeiter beschäftigt.

Hirsche und Menschen – Von der Wittelsbacher Jagd zum modernen Wildpark

Die Jagd im Payerbrunner Forst

„Einen Reichtum an Edelwild hegten die Waldungen und Gehölze um Ebersberg..., Grünwald..., um Starnberg und Polling..., da ging der Herzog birschen und mit seinen Freunden jagen und gab es Arbeit vollauf". Als Ergebnisse solcher Pirschjagden erwähnen die Jagdregister Herzog Wilhelms IV. jährlich bis zu 2032 Stück Wild, davon 817 Hirsche, die im 16. Jahrhundert jährlich an das Münchner Zerwirkgewölbe geliefert werden. Die Jagdleidenschaft des Münchner Hofes zeigt sich in oft wochenlangen Jagden besonders in den nahen Gebieten und Wäldern. Die Umgebung Münchens ist erschlossen durch die Jagdschlösser Neudeck, Schleißheim, Neuhausen, Grünwald, Laufzorn. Oft ist der gesamte Hof beteiligt: „...ist mein gn Frau von Grienwald aus auf die pirschennd gefahrn und gen Grienwald pracht 4 wild", bemerkt der Herzog über seine Gemahlin Maria Jacobäa. Von seinem Sohn Herzog Wilhelm V. wird berichtet, dass ihm 1616 auf einer Sauhatz von seinem Jagdschloss Neudeck ob der Au nach Grünwald vier Zimmerleut das Leben vor einem „wilden Eber" gerettet hätten. Die Burg Grünwald liegt im Isartal inmitten ausgedehnter Wälder. Hatte sie als Ort fürstlicher Repräsentation und Wehrhaftigkeit zunächst die Funktion landesherrlicher Machtausübung, wird sie in der Renaissance privilegierter Aufenthaltsort „ze jait und anderer churtzweyl" und zunehmend als reines Jagdschloss genutzt.

Die Renaissance ist auch die Hochblüte des Waffenhandwerks in München. Neben technische Verbesserungen kommen kunstfertigste Ausarbeitungen der Läufe, Systeme und Schäfte. Da die Reichweite der Waffen wesentlich erhöht werden kann, entwickeln sich auch die Jagdmethoden von einzelnen Wildtieren hin zu barocken Lustjagden. Auf der repräsentativen, eindrucksvollen Strecke soll möglichst viel Wild liegen. Diese Prunkjagden dienen in ganz Europa der Repräsentation sowie der Schaustellung herrschaftlicher Macht und fürstlichen Reichtums. In der Münchner Jagdlandschaft verhält sich der Hof eher gemäßigt. Im August 1658 ist zu Ehren Kaiser Leopold I. „zu Schleißheim in der Garchinger Au ein Gejait vorgegangen, in welchem, ob schon etlich hundert Stück Hirschen gewesen, doch weil Ihro Majestät so gewollt über 60 Stück nicht gefällt worden". (jav)

HIRSCHE UND MENSCHEN – VON DER WITTELSBACHER JAGD ZUM MODERNEN WILDPARK

Die bevorzugte Jagdart ist bis in die Renaissance das „Deutsche Jagen". Sie wird mit einem großem Aufgebot verpflichteter Menschen (auch im Frondienst) und hohem Materialaufwand betrieben.

Große Flächen, vorher mit „Zeug" (Tücher, Netze, Lappen) eingezäunt, werden mit Hilfe einer großen Treiberwehr getrieben. Wild, das sich in den Netzen verfängt, wird entweder mit dem Hirschfänger oder dem Jagdspieß abgefangen (erlegt), oder lebend in eigens dafür angelegte und mit massiven Zäunen umfriedete Wildkammern getrieben. Diese Kammern sind zum Teil mehrere hundert Hektar groß. Das Einfangen von Wild wird das ganze Jahr über betrieben, um im Herbst genügend Wild für die Jagd bereit zu haben. Jagdzeiten nach heutiger Vorstellung gibt es zu dieser Zeit nicht. Allerdings konzentriert sich die Jagd in den kalten Monaten, weil so das Wildpret nicht so schnell verdirbt. Die Erlegung des Wildes erfolgt auch mittels großer Hunde, die das Wild hetzen und halten, um es dann mit Hirschfänger oder Sauspieß zu erlegen. (A.M.)

In seiner ganzen Pracht schwimmt der Bucentaur, das „große Leibschöff", über den Würmsee, des heutigen Starnberger Sees. „Schloß Starnberg mit kurfürstlicher Flotte" (hier: Ausschnitt) ist ein um 1730 im Miniaturenkabinett der Münchner Residenz eingebautes Gemälde des Miniaturenmalers Maximilian de Geer (1680-1768).

Die Seejagden der savoyischen Prinzessin

„Der 26. Oktober war einer der schönsten und seltensten Jagden in ganz Europa gewidmet. Es gibt keinen Fürsten, welcher dergleichen besäße; sie findet sich nur in Bayern und ihre Eigentümlichkeit macht sie umso angenehmer, als sie ganz mühelos ist und ein wahres Vergnügen bereitet." 1722 findet diese von Pierre de Bretagne übermittelte Seejagd statt, zu deren Gelingen kein Aufwand zu hoch ist.

Allein 250 Bauern der umliegenden Dörfer müssen Treiberdienste verrichten. 30 Hofjäger sind für die in Neuhausen gehaltenen 100 Hirschhunde, 40 Wildpret- und 20 Leithunde zuständig. Schon seit 1248 wird die in wittelsbachischem Besitz befindliche Burg Starnberg zu einer für sommerliche und jagdliche Aufenthalte bestimmten Residenz. Herzog Wilhelm IV. initiiert die Idee vom Fürstensee durch die Vergabe genügend großer Besitze und Hofmarken am Seeufer. So werden Bau und Unterhalt von Schlössern und Gärten möglich. Vorbild ist er selbst mit dem Ausbau Starnbergs zu einem Sommerschloß mit Garten, Rabatten, Lauben und einem Weingarten. Auch Schiffe gehören zur Ausstattung des Hofes. Kurfürst Ferdinand Maria, ganz unter dem italienisch spielerischen Einfluss seiner aus Savoyen stammenden Gemahlin Henriette Adelaide, gestaltet den See zum Rahmen von Hirschjagden und Seefesten mit dem Bucentaur, dem neu erbauten Jagdschiff. Hierzu erwirbt er die Schlösser Possenhofen (1668), Berg (1676) und Kempfenhausen (1678) als Anlaufpunkte und lässt bei Possenhofen einen Wildpark einrichten. So kann er jagdlichen und gesellschaftlichen Erfolg beinah garantieren. Zentrales Objekt ist der Bucentaur selbst. Das bereits 1662 gebaute „große Leibschöff" ist prächtiger als das venezianische Vorbild und dient fast hundert Jahre der Inszenierung höfischer Seejagden. Der Bucentaur ist der demonstrative Mittelpunkt herrschaftlichen Machtanspruchs. Von hier werden Verlauf und Ende der Jagden betrachtet und bestaunt, natürlich gespeist und gefeiert. „Die Fürsten und ihre Jäger jagten den Hirsch auf und zwangen ihn durch den Schall des Waldhorns, aus seinem Hinterhalt hervorzubrechen. Dieser Hirsch, einer der stärksten und wildesten, behielt lange das Terrain", wurde letztlich aber doch „gezwungen, durch die Auslassöffnung zu gehen. Allein wohl zwanzig mal kam er ans Ufer und kehrte jedes Mal wieder zurück, erschreckt durch den Anblick der Schiffe, der Bucentauro allen voran."

Dies alles für die fürstliche Jagd, die wesentlich mehr ist als nobler Zeitvertreib. Die Jagden dienen der Machtdemonstration und damit der gesellschaftlichen Position des ausrichtenden Fürsten. Höchste europäische Repräsentanten treffen sich im Hirsch-JagdParque. Der Bucentaur, das größte und schönste Ruderschiff, das je auf einem deutschen Binnengewässer gefahren ist, wird nach etwa 100jährigem Betrieb auch angesichts der zu erwartenden Restaurierungskosten von Max III. Joseph am 3. Februar 1758 aufgegeben und schließlich abgewrackt. Bedeutende und auch äußerst aufwendige Seefeste finden zu Ehren verschiedener Gäste unter Max III. Joseph weiterhin statt, er lässt sogar noch eine neue schlankere Flotte im Stil des Rokoko bauen. (jav)

„Schloß Berg" wurde von Hofmaler Franz Joachim Beich 1722/23 für die nördliche Galerie in Schloß Nymphenburg gefertigt. Gut zu erkennen ist ein Teil der kurfürstlichen Flotte, die sich um den Bucentaur auf dem See befindet. Ebenso wird der Abschluss der Seejagd dargestellt. Der Hirsch ist bereits im Wasser, schwimmend verfolgt von der Hundemeute. Auch der von Pallisadenzäunen abgegrenzte Parksack sowie der Zwangs-Einlass in den See sind bis ins Detail gemalt.

Die barocke Jagdlandschaft – Der HirschjagdParque Max Emanuels

Erst durch den barocken Menschen, durch den vom Gedanken des Absolutismus geprägten Fürsten und dessen Weltbild, erfährt die Münchner Landschaft eine auf Planungen ruhende grundlegende Änderung. Max Emanuel, der Blaue Kurfürst, der wegen seiner erfolgreichen Einsätze in den Türkenkriegen als Retter des Abendlandes gefeiert wird, setzt sich trotz des langjährigen Exils, wohl aber nicht zuletzt wegen der am französischen Hof gewonnen Eindrücke, auch in der Münchner Landschaft durch. Mit seinen raumgreifenden und kostspieligen Vorstellungen gestaltet er den HirschjagdParque. Das gesamte Jagdgebiet reicht von den erweiterten und ausgebauten Jagd- und Lustschlössern Schleißheim und Nymphenburg über den Hirschgarten und das neue Jagdschloß Fürstenried bis Schloß Berg an den Starnberger See. Natur und Kunst, Landschaft und Architektur, bilden die Bühne für jagdliche Hofspektakel, die sich mit Volk und Hof um den Absolutisten abspielen.

Die Landschaft wird einer bis heute sichtbaren eindringlichen Gestaltungskraft unterworfen. Dies zeigt die von François de Cuvilliés 1767 gefertigte Ansicht der Münchner Landschaft (im Vorsatz dieses Buches). Die Darstellung des Hirschjagdparks, von Schloß Schleißheim im Norden bis Schloß Berg im Süden, verdeutlicht Dimension und Ordnung dieser (jagdlichen) Gesamtkomposition: ein von Zentralpunkten ausgehendes, mit Mittelpunkten unterstütztes System von Wegen, Schneisen und Kanälen, dazu von nicht darstellbaren Sichtbezügen geordnetes Bezugs- und Funktionssystem. Die Sterne dienen der jagdlichen Übersicht, die verbindenden Trassen gewährleisten die schnelle Verbindung der Hauptschlösser innerhalb einer halben Stunde. Für Pferdewechsel ist an Relaisstationen gesorgt, das Kanalsystem ermöglicht Transporte und Reisen mit dem Schiff.

Der „Plan oder Grunt=Rüß über den churfürstlichen HirschJagd-Parque ohn weith München, sambt darin begriffenen Lust=Schlößeren Ninphenburg und FürstenRied" bietet eine Übersicht der jagdlichen Infrastruktur. Neben den Sternen sind auch „Reiger Haus" und „Reiger Ständ, Sulzen, Hasengarten" und „Schnepfen=lucken" verzeichnet. Der präzise Plan wurde von Johann Baptist Tranner 1734 gefertigt, allerdings ist zu beachten, dass er „gewestet" ist: Westen ist oben, Norden ist rechts.

Die Münchner Landschaft eignet sich ideal für jagdliche Nutzung und Umgestaltung. Zum einen wegen der Nähe zur Residenz und der bisherigen Nutzung für die Jagd. Dazu sind Bayerbrunner Forst, Nymphenburg (seit 1662), Blutenburg, Ober- und Untermenzing (seit 1702), Schleißheim (seit 1597) bereits in kurfürstlichem Besitz. Für das Gebiet spricht auch die Schotterebene: Ein Wegesystem kann ohne größere Nivellierungsmaßnahmen zielgerichtet gebaut werden. Auch die technisch aufwendige Heranführung des Wassers von Würm, Amper und Isar wird erleichtert.

Bereits ab 1601 entsteht durch Herzog Wilhelm V. von Bayern das noch heute großteils Wasser führende Schleißheimer Kanalsystem zur Vernetzung der Schlösser Dachau, Schleißheim, Nymphenburg und der Residenz in München.

Die Landschaft wird mit der absolutistischen Ordnung einer lust- und jagdorientierten Infrastruktur versehen. Im südlichen, der Parforcejagd auf Rot- und Schwarzwild gewidmeten Schwerpunkt, dem Baierbrunner Forst, wird aus dem Forst der Park. Bereits 1683 bis 1687 werden als bequeme Reittrassen die Geräumte und Durchlasse angelegt, zwecks besserer Übersicht noch die Jagdsterne. Diese Sterne haben noch eine zusätzliche Bedeutung, da sich hier der Kurfürst aufhält: Alle Wege laufen auf den absolutistischen, zentralen und Welt bestimmenden Herrscher zu. Die Arbeiten werden bis 1699 überwiegend von türkischen Kriegsgefangenen ausgeführt, daneben von bayerischen Taglöhnern und im Frondienst.

Zentrale Ausgangspunkte der Überplanung sind die Schlösser Nymphenburg und Lustheim, später das Neue Schloß Schleißheim sowie Schloss Fürstenried und deren von Gartenanlagen geprägtes Umfeld. Zu den barocken Lust- und Hofgärten gehören Wasserspiele, Kaskaden, Springbrunnen und Kanäle. Das Wasser aus dem Schleißheimer Kanalsystem ist auch Voraussetzung für Max Emanuels Wünsche zur Gartengestaltung nach französischen Vorbildern. Und das System wird kontinuierlich und leistungsfähig ausgebaut. Ab 1688/89 kann mit dem Schleißheimer Kanal Isarwasser über den sogenannten Türkengraben eingespeist werden, 1691 wird der Dachauer Kanal fertig gestellt. Für den Bau des Neuen Schlosses Schleißheim werden die Baumaterialien, besonders Lehm, Ziegel und Holz, auf Transportschiffen herangebracht. Die Nutzung des Kanalsystems findet aber auch mit gesellschaftlichen Anspruch statt: So fährt der Kurfürst bereits 1702 mit einem Prunknachen von Schleißheim nach Dachau und nutzt die Infrastruktur für seine Hofgesellschaften.

Ab 1701 wird der Nymphenburg-Biedersteiner-Kanal gegraben. Die Würm wird bei Pasing abgeleitet, in den später von Charles Carbonet gestalteten Nymphenburger Schlosspark geführt und fließt dort in ein System von Haupt- und Seitenkanälen, Kaskaden und Fontänen. Auch dieser Kanal dient im Barock dem Transport von Baumaterialien für den Ausbau des Schlosses Nymphenburg. Natürlich wird er zur Ausschmückung höfischer Feste genutzt. Das auf der Münchner Schotterebene so seltene Wasser wird zu wesentlichen Bestandteilen der geplanten Landschaft.

Auf dem Würmsee dienen die den herausragenden staatlichen Repräsentanten vorbehaltenen Seejagden dem außergewöhnlichen Abschluss an die im HirschjagdParque selbst stattfindenden Parforcejagden. Hierfür wird der mit Zäunen abgegrenzte Parforce-Sack eingerichtet. Damit ist zwischen Berg und Kempfenhausen das Vorlassen des Wildes in den See an einem für den Jagdverlauf günstigen Ort festgelegt. Als allgemein wichtige infrastrukturelle Maßnahme – auch für die Erschließung der Forstenrieder Parks – erfolgt die Einrichtung des „Fürstenweges" von der Münchner Residenz nach Starnberg. Max Emanuels Gestaltungswille geht so weit, dass er bereits 1715 aus dem französischen Exil die Einparkung des Forstenrieder Parks befiehlt. Ein Zaun von etwa 53 Kilometer Länge entsteht.

Um das Jagdgebiet als geschlossenen Komplex auch von Norden uneingeschränkt nutzen zu können, drängt Max Emanuel den Grafen Ferdinand von Horwarth erfolgreich, ihm die Schwaige Poschetsried einzutauschen. Hier entsteht das Jagdschloss Fürstenried. Die Sichtbezüge werden mit begleitenden Alleen unterstützt.

Im waldärmeren nördlich Nymphenburgs gelegenen Bereich der barocken Jagdlandschaft wird der Beizjagd und dem Niederwild nachgegangen. Die kleinen dichteren Gehölze wie Allacher Hölzl, Angerlohe, Kapuzinerhölzl, Nederlinger Hölzl und der Fasanengarten werden von der Hutelandschaft der Schwaigen umgeben, zusätzlich werden Feldgehölze angelegt. Den Berichten vieler Gäste und Beobachter des höfischen Geschehens folgend, nutzt Max Emanuel seine Landschaft ausgiebig zu Jagd, Spiel und für verschiedenste Feste. Zunehmend auch mit seinem Sohn, dem Kurprinzen, dem im Jagdschloß Fürstenried ein Pavillon neben dem Hauptschloß zusteht. (jav)

Blaues, Grünes, Rotes und Gelbes Haus für Kaiser Carl VII.

Im HirschjagdParque strebt der für die Kaiserkrone vorgesehene Kurfürst Carl Albrecht nach weiterer Perfektion. Zur Feinerschließung des Jagdgebietes lässt er weitere Jagdhäuser und „Fliegende Bauten" aus Holz und Stoff zum Aufenthalt der höchsten Gäste und Herrschaften einrichten. Es entstehen Blaues Haus, Grünes Haus, Rotes Haus und Gelbes Haus. Das Grüne Haus in der Angerlohe bei Allach nutzt Max Emanuel für die Beizjagd.

Es wird der Jagdfalke auf Reiher angesetzt, ebenso wird „bey dem grien Haus mit den windt Hunden gefangen 1 hase". Auch Festlichkeiten zur Geburt Max III. Joseph finden 1727 hier statt. Im April 1736 wird das „Jagdlusthaus samt der Kuchl abgebrochen" und ein neues errichtet. Es ist dann Carl Albrecht, der „ober Archeteto J. Effner gnädigst anbefohlen in Allach ein grienes Hauss zu erpauen, umb sich solch dioselbe auf der jagd bedienen zu können". Gebaut werden der Aussichtsturm und ein Jagdhaus mit Küche und Stallungen.

Das im Bereich des heutigen Wildparks Forstenried am Churfürstenstern errichtete Gelbe Haus mit Eremitage entsteht ebenfalls in Holzbauweise. „Von dem Schlossgebäude in Fürstenrieth führt auch eine Allee bis auf das gelbe Jagdhaus so mitten im Wald lieget auf ¾ stundlang. Dieß gelbe Haus hat vier Pavillon davon im 3-en zimmern seynd, im 4-ten die Stieg und in der mitte ein Achteckiger Saal (...); dieß ganz Gebäu ist von Holtz und alle zimmer mit Pappier tapeziert, allzeit eines anders als andere und an jedem Fenster sieht man eine Allee, so wenigstens ein Stund lang ist; in Summa ist dieses Bäulein recht schön, wie auch 8 neben bäulein vor die Hr. cavaliers; alles dieß ist eingerichtet, daß eine ganze Erimitage da seyn könnte". So beschreibt 1737 der fürstbischöfliche Bamberger Architekt Joh. Jacob Küchel das Gelbe Haus. Dieses wird vom Kurfürsten während der Jagd und auf dem Weg zum Würmsee ausgiebig genutzt als Treffpunkt und Unterkunft, aber auch als Festort. So weden hier selbst aufwendige Feuerwerke durchgeführt. Die Beliebtheit liegt für Carl Albrecht sicher auch in der intimen Situation mitten im Wald. Fernab höfischen Zeremoniells lädt er nur persönliche Gäste ein. Um das „churfl. Mittagsmahle am Gelben Haus am 26. August" kümmert sich auch mal die „verwittibte Amtmannin zu Fürstenried (mit) 36 frische Eier, 10½ Mass frischen, dann 2 Mass sauren Rahm, 13 Mass Milch". Zur weiteren Verbesserung der Versorgung wird 1739 eine Wasserleitung von Pullach gelegt. Auch François Cuvilliés erkennt seine Chance und schlägt dem damaligen Kurfürst Karl Albrecht eine im Stil des Rokoko in Stein gefertigte Eremitage am Gelben Haus vor. Diese kommt nicht mehr zur Ausführung. Ganz im Gegenteil wird auch das Gelbe Haus nach dem Ableben von Karl dem VII. am 20. Januar 1745 schnell in Frage gestellt. Während des österreichischen Erbfolgekrieges verwahrlost dienen die Jagdäuser „gegenwärtig nur zum Unterschlupf der Wildpretschützen und schlimmen Leute". Und obwohl das Gelbe Haus „zu höchster diversion beibehalten werden" könne, wird die verbliebene Einrichtung bereits 1746 nach Schloss Fürstenried und selbst zum Pfarrer nach Forstenried gebracht. Das Gelbe Haus wird „bevor es von anderen Leuten geschieht, abgebrochen und die materialien zu anderweitigem Gebrauch appliziert".

HIRSCHE UND MENSCHEN – VON DER WITTELSBACHER JAGD ZUM MODERNEN WILDPARK

Mit seiner Darstellung der „Parforcejagd am Gelben Haus mit den Kurfürsten Carl Albrecht und Clemens August von Köln" ermöglicht Peter Jacob Horemans eine präzise Vorstellung von der Jagdgesellschaft und der hölzernen Eremitage am Churfürstenstern. Gut zu erkennen sind die Kavaliershäuser und der Brunnen, und neben den Hauptakteuren auch der Koch und weitere Beschäftigte.

Einen zeitgemäßen Eindruck der bunten Häuser und der jagdlichen Ereignisse bieten die Gemälde Peter Jacob Horemans im Jagdzimmer der Amalienburg im Nymphenburger Schlosspark mit dem „Jagdunfall des Kurfürsten Karl Albrecht am Blauen Haus", mit der Darstellung „Kurfürst Karl Albrecht bei der Schweren Jagd" am Roten Haus sowie „Karl Albrecht und Maria Amalia bei der Falkenbeize am Vogelhaus", dem Grünen Haus und der „Parforcejagd" am Gelben Haus mit den Kurfürsten Karl Albrecht und Clemens August von Köln. Die anderen Gemälde zeigen Feierlichkeiten zur Geburt des Kronprinzen Max Joseph 1727: „Das Karusselrennen bei Schloß Fürstenried, mit Maria Amalia, kutschiert von Karl Albrecht" und das „Turnierrennen auf Hirsche am Grünen Haus bei Allach" geben Einblick in die jagdlichen Spiele am Münchner Hof.

Die jagdlichen Anforderungen und Wünsche erfordern aber auch Parzellierungen und Sonderbauwerke. Um Wildschäden auf den Feldern möglichst gering zu halten, müssen die Untertanen ihre Äcker und ihr Dorf durch „Till-Werch", also Zäune aus Querstangen und Hanicheln, sichern. Für die Außengrenzen des Hirschjagdparkes wird der stabilere Palisadenzaun oder „aichene Säulln und starckhe Pretter" bevorzugt. Die Kosten für Bau und Unterhalt der Zäune sind erheblich. Schon bald kann der große Bedarf an bestimmten Hölzern nicht mehr aus den umliegenden Wäldern gedeckt werden.

Mit dem Einfluss Frankreichs auf die Lebensgewohnheiten bei Hofe wird die dort praktizierte Parforcejagd auch in Bayern eingeführt. Zu dieser Zeit entstehen die ersten Schneisensysteme, die es der Jägerei ermöglichen, diese Jagden geordnet und erfolgreich durch zu führen. Nun geht es nicht mehr um eine große Strecke, sondern um die Erbeutung eines einzelnen Wildtieres, vorzugsweise eines starken Rothirsches. Dieser wird von der Jägerei zunächst mit dem Leithund bestätigt (sein Standort wird bestimmt) und anschließend in Bewegung gebracht. Mit genau definierten Hörnersignalen wird die berittene Jägerei mit der bis zu 100 Hunden zählenden Meute verständigt. Sogenannte Finder (Brackenhunde) haben die Aufgabe, den flüchtenden Hirsch laut bellend zu verfolgen. Immer mehr dazu kommende Hunde aus der Meute stellen schließlich den Hirsch. Der Laut der Meute weist der Jägerei den Weg zum Geschehen. Ist der Hirsch endgültig gestellt, wird durch Hornsignal der Jagdherr herbeigerufen.

Bis zum Eintreffen der Herrschaft hat ein bediensteter Jäger dem von Hunden gehaltenen Hirsch mit dem Hirschfänger die Hessen (Achillesfersen) durchzuschlagen. Dies zum einen, um eine weitere Flucht zu verhindern und zum anderen, um den herrschaftlichen Jäger nicht übermäßig zu gefährden. Denn ein von den Hunden gestellter Hirsch von mehreren hundert Kilogramm stellt für den Jäger eine ernst zu nehmende

Gefahr dar. Hat der Jagdherr dann den Fang, also Todesstoß, gegeben, werden die Hunde abgenommen und der Hirsch zerwirkt. Unter Hörnerklang und Anwesenheit der ganzen Jagdgesellschaft findet dann die Curée statt. Der sorgfältig geflochtene Vorderlauf des bejagten Hirsches wird überreicht. Den Hunden werden das in der Hirschdecke eingehüllte weniger wertvolle Fleisch und die Gedärme vorgelegt. Damals gilt wie heute: je spektakulärer das Ereignis umso beeindruckter ist die geladene Gesellschaft.

Dies sind oft auch benachbarte Landesherren. Das erlegte Wildbret kommt in die Hofküche und an das Zerwirkgewölbe in München, dort wird es verkauft oder an Bedürftige abgegeben. Ein großer Teil wird auch für die Hundehaltung benötigt. (A.M.)

Das Ende einer „Parforcejagd unter Max III. Joseph von Bayern" wird hier um 1750 mit all seinen Beteiligten vom Hundeführer bis zum Kurfürsten, seinem hohen Gast, seinem Obristjägermeister und den blau livrierten Cavalierjägern eindrücklich dargestellt. Gast und Gastgeber sind Blickpunkte des Bildes, umschwärmt von der Hundemeute, dem Hof und umrahmt vom Wald.

ℹ Die Erschließung des Forstenrieder Parks – Von Römern, Jagdsternen und Geräumten

Der Forstenrieder Park ist wegen seiner Wasserarmut kein bevorzugtes Siedlungsgebiet. Daher wird er auch nur mäßig erschlossen. Es gibt östlich und westlich die Flusstäler Isar und Würm begleitende Altstraßen, in römischer Zeit kommt die von Ost nach West verlaufende Römerstraße Via Julia hinzu. Der restliche und besonders der lokale Verkehr werden über – je nach Lage und Witterung - äußerst schlechte Erdwege abgewickelt. Dies ändert sich erst mit der Jagdlandschaft des Blauen Kurfürsten Max Emanuel. Aus dem Forst wird der Park. Die Landschaft wird mit der absolutistischen Ordnung einer lust- und jagdorientierten Infrastruktur versehen. Bereits 1683 bis 1687 werden als bequeme Reittrassen die Geräumte und Durchlasse angelegt. „Geräumte" sind ursprünglich mehr oder weniger dauerhaft baumfrei gemachte Schneisen im Wald. Die Bäume werden also nicht nur einfach gefällt, sondern mit Hacken werden auch Stöcke und Wurzeln entfernt. Zur besseren Übersicht entstehen die Jagdsterne, die in der Hofjagdkarte Cuvilliés gut zu erkennen sind.

Es ist die Nähe zu München, wo sich die Forstwissenschaft etablierte, wo auch eine Vermessungsbehörde entstand, dazu kommt natürlich die Schotterebene selbst, die den Forstenrieder Park als Versuchsgebiet empfahl. Und zwar für Franz Sales Schilcher. Als Sohn eines Forstmeisters findet er seine erste fachliche Verwendung ab 1790 auf der in München neu gegründeten Forstschule. 1796 schreibt er „Ueber die zweckmäßigste Methode, den Ertrag der Waldungen zu bestimmen". Wesentlicher Bestandteil seiner Methode der reinen Schlageinteilung ist die Vermessung des Waldes. Um die kümmert sich schon seit 1784 sein Bruder Mathias Schilcher mit der Erstellung von Forstplänen – auch wenn die Hofkammer noch 1788 eine „allgemeine Waldvermessung... (für) eine allzu kostspielige und zu weitwendige Unternehmung" hält.

Der Forstenrieder Park wird 1796 vermessen und 1809 in die neuen Geräumte eingeteilt, die auch heute noch den Park prägen und erschließen. Die Flächen zwischen den Geräumten haben eine Größe von 200 Tagwerk, also etwa 68 Hektar, die ideale Geräumtlänge einer Fläche liegt damit rechnerisch bei 82,55 Meter.

Die Geräumte werden mit Namen aus dem engsten Bayerischen Königshaus bezeichnet. Neben dem regierenden König Max I. Joseph und seiner verstorbenen ersten Gemahlin Auguste sind dies ihre Kinder (Ludwig, Auguste, Amalie, Charlotte, Karl) und Kronprinzessin Therese. Dazu kommen die Kinder aus der zweiten Ehe mit Karoline (Zwillinge Elisabeth und Amalie, Zwillinge Maria und Sophie; Ludovika wird erst 1808 geboren). Zum Teil kann man den Geräumten doppelte Bedeutung zuschreiben, etwa als Gemahlin und Tochter, Schwiegervater und Sohn, Schwiegermutter und Tochter. Dazu kommen regelmäßig mehrere Vornamen, die die Auswahl erweitern. Aber auch der eine oder andere verdiente Verwaltungsangehörige findet sich wieder

Geräumte von Nordwest nach Südost

Zyllnhard-Geräumt

Karl Freiherr von Zyllnhardt (1744-1816) steht ab 1. Januar 1806 an der Spitze der bayerischen Forstverwaltung, ab 1. Oktober 1808 ist er Leiter der im Montgelas´schen Sinne beim Finanzministerium angesiedelten zentralisierten General-Forstadministration. Bis 1818 befindet diese sich im ehemaligen Püttrichkloster in München im Bereich des heutigen Spatenhauses am Max-Joseph-Platz. Zyllnhardt „förderte forstliche Lesezirkel sowie die Anlage von Forstherbarien... Seine umfangreiche Fachbücherei bildete nach seinem Tode 1816 als Stiftung den Grundstock der Bücherei der Zentralstelle". Im Oktober 1812 wird er (Mit-)Verfasser der ersten bedeutenden gesamtbayerischen Forsteinrichtungsanweisung, der „Spezial Instruction zur Beschreibung und Abschätzung der kgl. Bairischen Staatswaldungen". Basis ist ein Massenfachwerk, als vereinfachte Basis dient die Flächeneinteilung im Forstenrieder Park. Insgesamt erweist sich das Verfahren als zu kompliziert. 1819 wird es ersetzt – das Geräumt behielt seinen Namen.

Preysing-Geräumt

Johann Maximilian IV. Emanuel Graf von Preysing-Hohenaschau (1687-1764) hat als Taufpaten den Kurfürsten Maximilian II. Emanuel. Diesem dient er nach juristischer Ausbildung im Pariser Exil, später steht er in den Diensten des Kurprinzen Karl Albrecht. Diesen begleitet er auch auf den Kavalierstouren durch ganz Europa. 1722 wird er Obriststallmeister, 1726 Oberststallmeister und Oberdirektor der Finanzen und wirklicher Geheimer Rat sowie Mitglied der Geheimen Ratskonferenz. Dies ist das höchste Entscheidungsgremium des Kurfürstentums. 1735 hat Preysing den schweren Reitunfall, an den heute noch die Preysing-Säule erinnert. Die Karriere geht aber weiter: Kurfürst Maximilian III. Joseph ernennt ihn zum Obristhofmeister, 1738 zum Obristkämmerer. 1746 hat er als Oberhofmeister den höchsten Rang am bayerischen Hof. Die bayerische Außen- und Allianzpolitik im europäischen Spannungsfeld als Mittelmacht zwischen Preußen, Frankreich und Österreich richtet er dann gegen die Habsburger aus.

Ludwig-Geräumt

Ludwig I., König von Bayern (1786-1868) folgt König Maximilian I. 1825 auf den bayerischen Thron. Dem Forstenrieder Park hat er seinen Status als Kronprinz zu verdanken, der Park und die Verwaltung ihm dagegen eine reformierte und optimierte Forstverwaltung.

Hompesch-Geräumt

Die Familie der Hompesch ist ursprünglich im bayerischen Herzogtum Jülich-Kleve-Berg ansässig und dient dort auch den Erzbischöfen von Köln, die seit Generationen von den Wittelsbachern gestellt werden. Mit der wittelbachischen Abtretung des Herzogtums Berg 1806 an Frankreich kommen die Hompesch auch ins heutige Bayern. Johann Wilhelm Freiherr von Hompesch (1761-1809) wird 1806 königlicher Staatsminister der Finanzen in München. Ab 1807 ist er Ehrenmitglied der Bayerischen Akademie der Wissenschaften und bereits seit 1761 Mitglied des Illuminatenordens. Er darf als früher Mitstreiter Montgelas' gelten. Und weil er in Bayern für die Einführung der Steuerpflicht sorgt und am Finanzministerium 1807 das Oberste Forstamt, ab 1808 die General-Forstadministration, ansiedelt, wird er Namenspatron des Geräumts.

Marie-Geräumt

Maria Anna Leopoldine Elisabeth Wilhelmine Prinzessin von Bayern, Königin von Sachsen (1805-1877) ist Tochter von König Max I. und seiner zweiten Ehefrau Karoline Friederike Wilhelmine von Baden. Sie ist die Zwillingsschwester der Mutter des Kaisers Franz Joseph I., Erzherzogin Sophie von Österreich. 1833 wird sie die zweite Frau von Friedrich August II. (1836-1854 König von Sachsen).

Friederiken-Geräumt

Friederike Karoline Wilhelmine Prinzessin von Baden (1776-1841) ist seit dem 1. Januar 1806 die erste Königin von Bayern. Sie wird als erste Tochter des Erbprinzen Karl Ludwig von Baden und der Amalie, geborene Prinzessin von Hessen-Darmstadt, geboren. Ihre Mutter gilt als Schwiegermutter Europas, ihre Schwester Luise war Zarin von Russland, Schwester Friederike Königin von Schweden, ihr einziger Bruder Karl Großherzog von Baden. Aus der am 9. März 1797 in Karlsruhe mit dem verwitweten Herzog Maximilian Joseph von der Pfalz-Zweibrücken geschlossenen Ehe gehen acht Kinder hervor, von denen nur fünf das Erwachsenenalter erreichen, vier waren Zwillinge.

Amalien-Geräumt

Amalie Auguste Prinzessin von Bayern, Königin von Sachsen (1801-1877) ist das vierte Kind aus der zweiten Ehe von König Max I. mit Karoline Friederike Wilhelmine von Baden. Am 21. November 1822 heiratet Prinzessin Amalie Auguste in Dresden den späteren König Johann I. von Sachsen. Ihre Zwillingsschwester ist die spätere Königin Elisabeth von Preußen.
Eine weitere Amalie (1790-1794) aus der ersten Ehe König Max I. ist bereits im Kindesalter verstorben.
Friederike Amalie Erbprinzessin von Baden, geborene Prinzessin von Hessen-Darmstadt (1754-1832) heiratet am 15. Juli 1774 in Darmstadt ihren Cousin, den Erbprinzen Karl Ludwig von Baden (1755-1801). Sie gilt als „Schwiegermutter Europas" und ist Schwägerin König Max I. von Bayern.

Geräumte von Nordost nach Südwest

Elisen-Geräumt

Elisabeth Ludovika, Prinzessin von Bayern, Königin von Preussen (1801-1873) ist Tochter des Königs Max I. von Bayern und der Königin Caroline, Zwillingsschwester der Königin Amalie von Sachsen. Am 29. November 1823 heiratet sie dem späteren König Friedrich Wilhelm IV. von Preußen und wird Königin von Preußen.

Max-Joseph-Geräumt

Maximilian I. Maria Michael Johann Baptist Franz de Paula Joseph Kaspar Ignatius Nepomuk (1756-1825) regiert ab 1799 in Bayern als Herzog Maximilian IV. und ist seit dem 1. Januar 1806 erster bayerischer König – unmittelbar nach einer Jagd, die er zu Ehren Napoleon Bonapartes im Forstenrieder Park abhalten lässt.

HIRSCHE UND MENSCHEN – VON DER WITTELSBACHER JAGD ZUM MODERNEN WILDPARK

Karl-Geräumt

Karl Theodor Maximilian August Prinz von Bayern (1795-1875) ist Generalfeldmarschall und Reichsrat der Krone Bayerns. Er nimmt 1813 an den Befreiungskriegen als Generalmajor und Brigadier der Infanterie teil. Die ihm zugedachte griechische Königskrone lehnt er ab, woraufhin sie seinem Neffen Prinz Otto von Bayern zufiel. Prinz Karl erliegt einem Sturz von seinem Pferd. An ihn erinnert noch heute das Prinz-Carl-Palais in München, der Altersruhesitz der bayerischen Ministerpräsidenten.

Theresien-Geräumt

Therese Charlotte Luise Friederike Amalie von Sachsen-Hildburghausen (1792-1854) ist durch die Heirat mit Kronprinz Ludwig I. seit 1825 Königin von Bayern – und Namensgeberin der Theresienwiese in München, wo anlässlich ihrer Vermählung seit 1810 das Oktoberfest stattfindet.

Carolinen-Geräumt

Friederike Caroline (oder Karoline) Wilhelmine Prinzessin von Baden (1776-1841) heiratet am 9. März 1797 in Karlsruhe den verwitweten Herzog Maximilian Joseph von der Pfalz-Zweibrücken, nachmalig Kurfürst und später König von Bayern. Von acht Kindern erreichen fünf das Erwachsenenalter.

Augusten-Geräumt

Auguste Wilhelmine Marie von Hessen-Darmstadt (1765-1796) wird durch Heirat mit Pfalzgraf Maximilian Joseph von Zweibrücken, dem späteren König Max I. von Bayern, Herzogin von Pfalz-Zweibrücken. Sie verstirbt im Ansbacher Exil der Familie noch bevor sich für ihren Gemahl ein Anspruch auf Bayern geschweige denn ein Königreich abzeichnet.

Auguste Amalia Ludovika von Pfalz-Zweibrücken (1788-1851) Tochter der obengenannten Auguste, ist durch Heirat Vizekönigin von Italien und ab 1817 Herzogin von Leuchtenberg und Fürstin zu Eichstätt. Für die Entwicklung zum Königreich Bayern ist sie von besonderer Wichtigkeit, weil sie sich dem Ansinnen Napoleons, seine Familie mit alten Dynastien Europas zu verknüpfen, nicht widersetzt. Sie heiratet aus Staatsräson am 13. Januar 1806 in München seinen Stiefsohn Eugène de Beauharnais (1781-824). Auch dieser ist zur „Französischen Kaiserjagd" Gast im Forstenrieder Park.

Charlotten-Geräumt

Karoline Charlotte Auguste von Pfalz-Zweibrücken (1792-1873) ist die Tochter des späteren König Maximilian I. Joseph von Bayern und seiner Gemahlin Auguste Wilhelmine. Durch ihre beiden offiziellen Eheschließungen wird sie erst Kronprinzessin von Württemberg und später Kaiserin von Österreich. Um der napoleonischen Dynastiencharade – und damit einer Frau „von Napoleons Gnaden", zu entgehen, heiratet Kronprinz Wilhelm von Württemberg sie am 8. Juni 1808 in München. Die Ehe wird nach dem Sturz Napoleons 1814 evangelisch und 1816 katholisch geschieden. Auf Einwirken ihres Bruders Kronprinz Ludwig wird sie am 10. November 1816 mit dem bereits dreimal verwitweten Kaiser Franz I. Joseph von Österreich vermählt und somit zur Kaiserin von Österreich.

HIRSCHE UND MENSCHEN – VON DER WITTELSBACHER JAGD ZUM MODERNEN WILDPARK

Historische Ortsbezeichnungen

Auf historischen Karten besonders des 19. Jahrhunderts sind einige für sich selbst sprechende Ortsbezeichnungen verzeichnet. Einige erinnern noch an die Jagdsterne des Barock: Hirsch- oder Kronprinzenstern und Hubert-Stern. Andere beziehen sich auf die Jagdausübung selbst: auf dem Hetzplatz, Hofmann Bogen. Weitere zeigen die nötige jagdliche Infrastruktur im Wildpark an: Einfang, Sauschütt, Heustadl, Sulze, Suhllachen, Lachen, Glashütten Sulz.

Die ehemalige landwirtschaftliche Nutzung des Parks zeigt sich in den Bezeichnungen: die Wiesen, auf der Verwiesmahd, in der Weide, Forst Wiesen. Selbst der Übernutzung wird gedacht: gebrannter Fleck, am Stocket. Örtliche Bezüge haben: auf den Lindbucheln, in den Rehbergen, Spitzlberg, der Schalmey Berg, Buchendorfer Dickicht, Unt. Dieljäger, Ob. Dieljäger, Neurieder Holzweg.

Ob im Wolfwinkel wirklich einmal ein Wolf gewesen ist, kann heute nicht mehr nachgewiesen werden. Ebenso liegt bisher im Dunkel des Parks das Ottertal. Auch wenn hier einmal ein Wasserlauf gewesen sein sollte, ist nicht direkt ein Fischotter zu erwarten. Auch über das Aussetzen von Fischottern für die Jagd ist nichts bekannt. Allerdings verweist Schmeller in seinem Wörterbuch auf die Bezeichnung „utta" für „die Schuppe, wo der Bauer seinen Wagen einstellt." (jav)

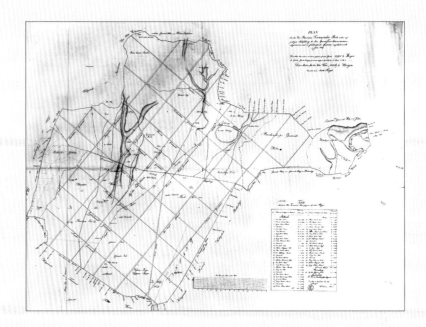

Der „Plan über den Kön: Bairischen Forstenrieder Park welcher auf gnädigste Anbefehlung der kön. GeneralForstAdministration aufgenommen und in gleichlaufende Quadrate eingetheilt wurde im Jahre 1809" ist gesüdet: Oben ist also Süden, rechts ist Westen, etc. Der Bearbeiter Balth. Kögel fügt auch die immer noch vorhandenen „fremden Gründe" der Eigentümer aus Pullach, Warenberg und Buchendorf ein. Dies sind 1548 5/8 Morgen von insgesamt 12.900 Morgen, also etwa 12 %. Die Geräumte sind bereits bezeichnet, die alten Bezeichnungen der Waldorte zum Teil korrigiert

Schloss Fürstenried – Vom Jagdschloss zum Exerzitienhaus

„Dieses ist ein neugebautes kurfürstliches Schloß, anderthalb Stunden von München entfernt in einer schönen und mit Wald umgebenen Ebene gelegen, wohin man durch eine große, mit Linden besetzte Straße, welche über eine halbe Meile lang ist, gelangt", beschreibt Matthias Diesel in seiner „Erlustierenden Augen-Weyde" 1717 das gerade fertig gestellte „Churfürstl Schloß oder Jagdhaus zu Fürstenried". Man darf den Künstler hier als guten Informanten bezeichnen, gehört er doch als Garteningeneur zum Stab des Hofbauamtes und arbeitet Hand in Hand mit den Gartengestaltern Dominique Girard und Joseph Effner in den Außenanlagen des Schlosses. Entstehen kann Fürstenried aber erst, nachdem Kurfürst Max Emanuel den Grafen Ferdinand Joseph von Hörwarth erfolgreich gedrängt hat, ihm die Schwaige Poschetsried einzutauschen.

Bereits im 11. Jahrhundert entsteht Poschetsried durch das Stift Polling aus einer Rodungsinsel. Der Namensteil -ried bezeichnet nach Schmellers Bairischem Wörterbuch „eine abgeschlossene Gegend, worin sich mehrere Felder befinden, ausgereutetes Buschwerk, Holz... (oder einen) Platz, von Holz (und) Buschwerk gereinigt". 1194 kommt die Siedlung zum Stift Rottenbuch. 1498 erwirbt Herzog Albrecht IV. die Siedlung, wo ab 1593 die die Grafen von Hörwarth als Hofmarksherren eine Schwaige betreiben. Ab 1701 streitet der Forstenrieder Förster Adam Böhamb 13 Jahre lang gerichtlich mit Ferdinand Joseph Graf von Hörwarth, weil dieser seine Hofmarksrechte auch über das Forstpersonal ausüben will. Dies wohl auch, um seine eigene Übernutzung zu decken, treibt er doch 100 Schweine statt berechtigter 40 und 1.400 Schafe statt erlaubter 500 in den Forstenrieder Park. 1707 errichtet Graf Hörwarth dann noch ein Jagdhaus. Spätestens jetzt sind Besitz und Besitzer dem bayerischen Kurfürsten im Wege, will er doch den HirschJagdParque als geschlossenen Komplex uneingeschränkt nutzen.

Max Emanuel lässt von 1715 bis 1717 durch Joseph Effner ein Lust- und Jagdschloss erbauen, in dem sich die Jagdgesellschaft im Verlaufe des Jagdtages, der oft durch den gesamten Park führt, zu Festlichkeiten versammelt. Es entsteht – aus Warnberger Ziegeln südlich Sollns – ein schlichter, dreigeschossiger Hauptbau mit zwei seitlichen Pavillons um einen Ehrenhof, „der zu beiden Seiten lange Gebäude hat, auf der einen für die Küche, auf der anderen für die Handpferde, oben aber logieren die Bedienten." Bereits am 11. Juni 1717 übernachtet Max Emanuel das erste Mal in seinem neuen Appartement im ersten Stock des Hauptbaus.

Dorthin gelangt man „über eine sehr helle Schneckenstiege, und zwar erst in einen schönen, großen Saal, worin allerhand Malereien von Jagden, und sodann in das Appartement Ihrer kurfürstlichen Durchleucht, worin vortreffliche Möbel, Spiegel und Malereien zu sehen sind". Erst kurz zuvor werden die aus Paris gelieferten Spiegel eingebaut. „Auf der anderen Seite des Saales ist gleichfalls ein kurfürstliches Appartement und in dem obersten Stock sind Zimmer für die Kavaliere". Nur noch dieses Kavalierzimmer im obersten Stock übermittelt heute einen Eindruck von dem Bild und der Pracht, die Matthias Diesel aus dem Inneren des Schlosses übermittelt. Der figürliche Schmuck der stuckierten Hohlkehle des Blauen Salons stammt wohl von Guillaume de Groff. Er weist mit Hirsch, Reh, Gams, Wolf, Fuchs, Dachs, Hase sowie Putten mit Waldhör-

Matthias Diesel fertigt bereits 1720 für seine „Erlustierende Augen-Weyde" über die Kurbayerischen Schlösser diese Ansicht des Lustschlosses Fürstenried, auf der auch die Anlage des Gartens gut zu erkennen ist. (Ausschnitt)

Kaum deutlicher darstellbar ist die Wirkung des Schlosses Fürstenried in die Landschaft mit der Ausrichtung auf München als auf diesem 1722 entstandenen wandfesten Gemälde. Kurfürst Max Emanuel hat den Hofmaler Franz Joachim Beich (1665-1748) mit der Ausstattung der Nördlichen Galerie Schloß Nymphenburgs beauftragt. Ausgeführt werden hier – ähnlich dem Vorbild Ludwig XIV. in Versailles und typisch für die absolutistischen Landesherrn – die Darstellungen eigener Schlösser und Gärten.

HIRSCHE UND MENSCHEN – VON DER WITTELSBACHER JAGD ZUM MODERNEN WILDPARK

Das „Karusselrennen bei Schloß Fürstenried, mit Maria Amalia, kutschiert von Carl Albrecht" zeigt einen Teil der Feierlichkeiten zur Geburt des Kronprinzen Max Joseph 1727. Die Kurfürstin erhielt das Schloss als Kindbettgeschenk.

nern auf die jagdliche Bedeutung hin. „Der Pavillon zur Rechten wird von Ihrer Durchleucht dem Kurprinzen bewohnt und ist prächtig mobiliert." Dieser, künftig Kaiser Karl VII., nutzt Fürstenried für verschiedene Jagdfeste. Nach seinem frühen Tod lebt hier die Witwe Maria Amalia, die das Schloss bereits am 28. März 1727 als Kindbettgeschenk erhalten hat. Auch ihrer Schwiegertochter Maria Anna, Gemahlin des Kurfürsten Max III. Joseph, dient das Schloss von 1777 bis 1797 als Witwensitz.

Details des Plafonds im oberen Kavalierzimmer. Es finden sich verschiedenstes Wild vom Eichkatzerl bis zum Wolf.

Mit den Napoleonischen Kriegen kommt Unruhe nach Fürstenried. Französische und bayerische Truppen werden einquartiert, ihnen folgen bis 1824 die Schüler der Forstenrieder Schule, dann Familienmitglieder des Hauses Leuchtenberg. Zum Deutsch-Französischen Krieg schließlich wird es 1870 als Lazarett genutzt.

Eher gespenstische Ruhe kommt 1882 mit dem späteren nicht regierungsfähigen König Otto von Bayern ins Schloss. „Kein Laut im ganzen Haus und die schattenernsten Gesichter der Wärter und Pfleger ließen keinen Zweifel aufkommen, wie man sich hier zu verhalten habe. Sehnsüchtig dachte ich hier an Neuschwanstein, an Linderhof", berichtet Theodor Hirneis, Hofkoch der Könige Ludwig II. und dann Otto I. „Eine kleine Wache vom Infanterie-Leibregiment bewachte das Schloss von außen," bis der König am 11. Oktober 1916 verstirbt. „Am 12. Oktober wurde ich eingeladen, die Schulkinder an die Totenbahre des Königs zu führen. Unvergesslich wird mir der Anblick des edlen Toten bleiben", so Franz

Xaver Kriegsteiner, Schullehrer in Forstenried. – König Otto kann hier in Schloss Fürstenried eine Zwischenrolle als Vermittler zwischen der Stadt und der Landschaft, dem herrschenden Königshaus und den neugierigen Schulkindern, dem Einzelinteresse eines Fürsten und den gesellschaftlichen Zielen einer karitativen Einrichtung übernehmen.

Schloss Fürstenried wird auch nach dem Ersten Weltkrieg als Lazarett genutzt, bleibt aber im Besitz der Wittelsbacher, genauer des Wittelsbacher Ausgleichsfonds. Dieser wird „durch bayerisches Gesetz vom 9. März 1923 errichtet... zwischen dem Bayerischen Staate und dem vormaligen Bayerischen Königshause über die vermögensrechtliche Auseinandersetzung... Das Stiftungsvermögen umfasst im wesentlichen Kunstschätze, historisch bedeutsame Sammlungen, Beteiligungen und Liegenschaften". 1927 kauft die bisherige Mieterin, die Erzdiözese München-Freising, das Schloss und nutzt es auch während der nationalsozialistischen Diktatur bis 1942 als Spätberufenenseminar und Exerzitienhaus, dann als Reservelazarett München I, Teillazarett Schloß Fürstenried. „Die Umstellung vom Exerzitienhaus zum Lazarett war freilich schwer und schmerzlich, aber in der Erkenntnis, daß diese Lösung für das Haus zur Zeit das Beste ist", fasst Pater Anton Kothieringer die erforderliche Reaktion auf den Druck des zuständigen Staatsministers Adolf Wagner und der Gestapo in einem Schreiben an Kardinal Michael von Faulhaber zusammen. „Die... Belegschaft wechselt... zwischen 120 und 180 Mann. Sie umfasst größtenteils Dienstgrade des Mannschaftsstandes, in Ausnahmefällen werden hier auch Offiziere verpflegt. Der Anteil an katholischen Soldaten ist verhältnismäßig groß... Die Mehrzahl... leidet an Schuß- und Granatsplitter-Verletzungen des Kopfes und der Kiefer...", berichtet der Lazarettpfarrer Hubert Pöhlein im April 1944. Bereits im September 1943 zerstört eine Luftmine den Schlosspark, auch Fassaden, Fenster und Dächer werden beschädigt. Insgesamt übersteht die Schlossanlage den Zweiten Weltkrieg relativ unbeschadet. Der Exerzitienbetrieb kann nach Abstimmung mit der amerikanischen Militärregierung nahezu nahtlos begonnen werden, auch das Spätberufenensemiar wird ab Oktober 1949 wieder betrieben.

1972 bis 1976 finden umfangreiche Erweiterung und Sanierung statt. Für Haupthaus und Pavillone bedeutet dies eine Verzweckung durch den Einbau von Zwischendecken, Treppenhaus und Wirtschaftsräumen. Gleichzeitig wird direkt nordwestlich anschließend im Park entlang der Schlossmauer ein zeitgemäßer Erweiterungsbau zur Unterbringung der Gäste errichtet. Selbst die dort eingebaute runde Hauskapelle ragt nicht über die Parkmauer hinweg, sodass der barocke Eindruck des Ensembles Schloss Fürstenried nicht gestört wird.

HIRSCHE UND MENSCHEN – VON DER WITTELSBACHER JAGD ZUM MODERNEN WILDPARK

Der hinter dem Schloss befindliche Garten, ursprünglich im französischen Stil geplant, verwildert im 19. Jahrhundert zunehmend. Carl von Effner, ein Urenkel des barocken Gartengestalters Joseph Effner, versetzt den Park in seinen Urzustand. Aus dieser Zeit stammt auch der heutige Figurenschmuck. Ebenso der südlich angrenzende kleine Landschaftspark.

Die Gesamtanlage Schloss Fürstenried fügt sich seit 1717 ansatzlos in den HirschjagdParque des Kurfürsten Max Emanuel. Ordnung, Struktur und Sinn der absolutistischen Landschaftsgestaltung verdeutlicht wieder die Karte Cuvilliés. Der Blick auf die Lindenallee ist auch heute noch möglich, und selbst „das Tor besteht (noch) aus zwei großen eisernen Flügeln, woran die Zieraten aus übergoldetem Kupfer bestehen, wobei das bayerische Wappen mit zwei Löwen und dem Kurhut sehr schön und kunstvoll zu sehen sind." Und auch heute noch kann man die barocken Bezugslinien im modernen Ballungsraum München erkennen, auch wenn die Hauptachse zum Münchner Dom zu Unserer Lieben Frau, der Frauenkirche, nun von der Autobahn München-Starnberg gebildet wird. (jav)

Die Verbindungen zwischen Schloß Fürstenried und dem Dorf Forstenried sind oft enger, als die lokale Nähe vermuten lässt. Es verwundert nicht, dass sich die Erfahrung im Umgang mit dem Königshaus über Generationen fortsetzt. Links im Bild Christian Rederer, der letzte Leibdiener König Ottos von Bayern, daneben sein Sohn Franz, Forstgehilfe im Forstenrieder Park, um 1920.

Französische Kaiserjagd fürs bayerische Königreich im Forstenrieder Park

Im Dezember 1805 ist Napoleon Bonaparte Jagdgast im Forstenrieder Park, ebenso anwesend ist sein Stiefsohn Eugène de Beauharnais. Dazu natürlich als Einladender der damalige bayerische Kurfürst Max IV. Joseph mit Familie. Eigentlich nur ein Jagdereignis auf höchstem Niveau, aber mit ebenso beträchtlichen Auswirkungen: Bayern wird Königreich, Napoleon hingegen verschafft seiner Familie Anschluss an alten europäischen Hochadel.

Napoleon Bonaparte (1769-1821) oder Kaiser Napoleon I. beendet in seiner knapp 16-jährigen Regierungszeit das alte Heilige Römische Reich Deutscher Nation und prägt die Grundlagen der späteren europäischen Geschichte wie keine andere historische Persönlichkeit – im Positiven wie im Negativen. Dies geht vom Kriegstreiber bis zum übergroßen Staatsmann in der napoleonischen Ära zwischen Krieg, Politik, Verwaltung und Propaganda.

Die Eroberung Europas erledigt er auch als „Familienangelegenheit". Er versorgt schon zu Beginn seiner politischen Karriere seine Geschwister mit wichtigen Posten, später mit finanziellen Zuwendungen, besonderen Titeln und königlichen Würden. Um die militärischen und politischen Erfolge zu sichern, betreibt Napoleon eine gezielte Heiratspolitik. Er setzt Geschwister und auch Gefolgsleute in den abhängigen Staaten ein. Mit der gesamten Familie überzieht er Europa. Dabei werden die Sicherung der Nachkommenschaft und die dynastische Legitimierung der Macht durch Verwandtschaft zum zentralen Anliegen. Gleichzeitig aber auch die Hoffnung auf Anerkennung durch die alten europäischen Dynastien. Dazu dient seine zweite hochstrategische Ehe mit Marie-Luise von Habsburg-Lothringen, der ältesten Tochter des deutsch-römischen Kaisers Franz II. Im gemeinsamen Sohn „floss das alte Blut der römisch-deutschen Kaiser und das neue der Bonapartes, die alte europäische Ordnung und die neue Zeit – eine schicksalsschwere Fusion aus Frankreich, Italien und Österreich".

Bayern ist nach dem tragischen Scheitern Max Emanuels oder Kaiser Carl Albrechts nicht mehr und nicht weniger als eine europäische Mittelmacht zwischen den Großmächten Frankreich, Österreich und Preußen, die immer auf Koalitionen angewiesen ist. Bayern ist für Napoleon aber gerade in dieser Position ein wichtiger Schlüssel als Zugang zu den alten europäischen Dynastien. Dazu dient einerseits die Vermählung der Auguste Amalia Ludovika (Tochter Max IV. Joseph) mit Eugène de Beauharnais (Stiefsohn Napoleons) aus Staatsräson am 13. Januar 1806 in München. Dazu dient andererseits letztlich auch die Vermählung der Karoline Charlotte Auguste (ebenfalls Tochter Max IV. Joseph) mit Kronprinz Wilhelm von Württemberg am 8. Juni 1808 in München. Denn so ist Napoleon auch mit diesem verwandt, ebenso relativ direkt mit den Häusern Baden, Preußen und Sachsen. Erst danach heiratet Napoleon selbst am 11. März 1810 in das (ehemalige) deutsch-römische Kaiserhaus ein.

Die unverfängliche Jagd im Forstenrieder Park, auf allen adminstrativen, gesellschaftlichen und politischen Ebenen bis in kleinste Detail vorbereitet, mag wichtiger Ausgangspunkt für Napoleons Strategie der Machtsicherung in Europa durch internationale Familienpolitik gewesen sein. (jav)

Königliche Hofjagden und ministerielle Staatsjagden

Die kurfürstliche Jagd verliert ihre repräsentative Bedeutung mit der Aufklärung und angesichts der Französischen Revolution. Die europäischen Höfe entwickeln zunehmend musische und künstlerische Schwerpunkte. Im Dezember 1805 und Januar 1806 werden im Forstenrieder Park die letzten Parforcejagden ausgerichtet. Zwischen diesen Jagdschauspielen erhebt der höchste Gast Napoleon Bonaparte das Kurfürstentum zum Königreich Bayern, seinen Gastgeber Max IV. Joseph zu König Maximilian I. von Bayern.

Im Biedermeier des Königreichs Bayern finden wegen des Aufwandes und der Kosten keine Prunkjagden mehr statt. Dagegen spricht auch die politisch angespannte Stimmung im deutschen Vormärz. Dennoch finden noch unter König Max II. tagelange mit bis zu 100 Treiber der umliegenden Dörfer einbeziehenden Zeugjagden statt. Dabei sind Strecken mit 100 Stück Rotwild und Schwarzwild üblich. Doch die bayerischen Könige sehen in der Jagd nicht mehr das „unendliche Vergnügen". Fortan veranstalten sie vergleichsweise bescheidene Jagden. Das königliche Jagdgebiet des Forstenrieder Parks bleibt, zuletzt als „Leibgehege", in seinem Kerngebiet erhalten. Doch die Jagd wird zunehmend bürgerlich. Im Forstenrieder Park werden im 19. Jahrhundert überwiegend Ansitzjagden durchgeführt. Gebaut wird nur noch dem Zweck entsprechend, wie es die Diensthütte am Ludwig-Geräumt, aber auch der Pavillon an der Grünwalder Sauschütt in ihrer biedermeierlichen Schlichtheit zeigen.

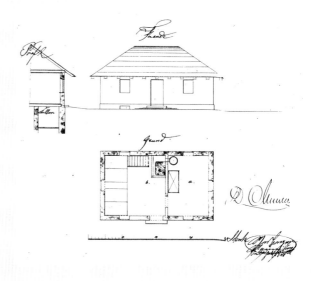

Der Plan für die Projektierung der heutigen Diensthütte spricht im Gegensatz zur Hütte noch „über ein neu zu erbauendes Dienstgebäude in dem königl. Park zu Forstenried". „Der Bau kostete 791 fl 55 kr. Der Ziehbrunnen kam 1882 hinzu", so Hans Bachsteffel, der auch auf die Wyttenbachschen Wandbilder im Inneren eingeht. „Mehr als 6% der Erstellungskosten... wurden allein für die Farben ausgegeben". Der Maler bedankt sich damit offensichtlich für die Jagden im Forstenrieder Park. „Die sieben Wandgemälde hat Herr Anton Wyttenbach - ein guter Bekannter des Unterzeichneten - zu seinem Vergnügen, unentgeldlich, im Verlaufe des Sommers 1841 gemalt. M.(ax) Schilcher, K.(öniglicher) Parkmeister, den 12. Dezb. 1841."

HIRSCHE UND MENSCHEN – VON DER WITTELSBACHER JAGD ZUM MODERNEN WILDPARK

Auf den Innenwänden der Diensthütte zeigen sich wahre Schätze: Der ursprünglich als Architekturmaler arbeitende Friedrich Anton Wyttenbach (1812-1845) widmet sich ab 1834 zunehmend erfolgreich der humoristischen Tiermalerei. Hyacinth Holland fasst 1910 in der Allgemeinen Deutschen Bibliothek zusammen: Mit „Hunde- und Affenstücken, auch mit trefflichen Jagdbildern fesselte er, selbst ein leidenschaftlicher Jäger, seine Beschauer". Die Wandbilder sind in enkaustischer Malerei ausgeführt, „eine von den Alten häufig geübte Malerei mit Wachsfarben, die den Farben Haltbarkeit, Glanz und Frische gab, wie es vielleicht nicht einmal unsere Oelmalerei zu thun vermag;... wobei die Farbe mit dem Griffel auf den aus Farbe und Wachs gebildeten Grund eingetragen wurde. (In) neuester Zeit haben sich besonders Klenze und Fernbach in München mit Erfolg zu gleichem Zwecke bemüht", so Herders Conversations-Lexikon 1854. Wyttenbach malt typische Jagdszenen, bei denen sich der Blick in die wieder erkennbare Landschaft, aber auch auf die Jagdarten (Riegeljagd) und die Ausrüstung der Jäger um 1840 lohnt.

Ludwig II. und Otto I. ziehen sich von Öffentlichkeit und Jagd zurück. Prinzregent Luitpold führt dann eine den politischen Verhältnissen entsprechende volksnahe Regentschaft. Hierzu gehört auch die Jagd mit jährlichen wochenlangen Reisen durch Bayern, regelmäßig auch in den Forstenrieder Park. Ebenso wie sein Nachfolger Ludwig III. bevorzugt er die bürgerliche und unauffällige Ansitzjagd. Dafür werden im Park einfachste Jagdstände errichtet, zum Vorlassen des für den Jagdherrn und seine Gäste geeignet erscheinenden Wildes aber auch Sortierkammern. Unter die aus ganz Europa stammenden illustren Gäste und gekrönten Häupter reiht sich am 10. Juli 1909 König Alfons von Spanien. (jav)

Wichtiger aber erscheint aus heutiger Sicht Feldmarschall Erzherzog Joseph August von Österreich (1872-1962), weil er über eine Jagd im Forstenrieder Park berichtet: „Vor der Jagd fand ein Frühstück statt. Anwesend waren der spätere König Ludwig (Ludwig III. von Bayern, Anm.), mein Schwiegervater (Leopold von Bayern, Anm.), Prinzregent Luitpold, Prinz Arnulf und einige andere Würdenträger, die an der Jagd teilnahmen. Dann wurden die in einem eingeplankten Territorium befindlichen Sauen bei der Fütterung besichtigt, prachtvolle Keiler und anderes Wild wie ich in der Eile ungefähr schätzen konnte, achtzig bei einhundert Stück. Die Gäste standen auf einem meterhohen Erker, der Prinzregent aber stieg hinunter und ging zwischen den Wildsauen umher und besichtigte sie. Wehe einen anderen der versucht hätte auch hinunter zu steigen! Davor warnte der Forstmeister. Ich begab mich auf den kaum eineinhalb meterhohen künstlichen Hügel, auf dem eine kleine Bank, von einem dichten, ein Meter hohen, geschorenen Fichtenzaun umgeben, stand. Innerhalb war noch eine Bretterwand, zur Sicherheit, vorne und seitwärts waren schmale Schneisen in die Fichtendickung geschlagen worden, sonst ringsum schöner, alter Hochwald. Einen schöneren Stand konnte man sich kaum wünschen. Das Schießen auf den kaum anderthalb Meter breiten Schneisen würde allerdings recht schwierig sein, das stand um so mehr fest, als der weiche Boden aus Fichtennadeln mit Erde bestand. Man konnte also nahendes Wild überhaupt nicht hören, wenn man es erblickte, würde es auch schon verschwunden sein. Mein Schwiegervater hatte mir geraten dreißig bis vierzig Patronen mit zu bringen. Ich brachte hundert. Bald fielen die ersten Schüsse. Ich schoss nach vorne, seitwärts und nach hinten. Einen besonders starken Keiler, der auf drei Läufen daher kam streckte ich aus nächster Nähe. Der Trieb dauerte ungefähr drei Stunden. Wenn ich mich recht erinnere, schoss ich neun Keiler, elf Bachen und vierzehn Frischlinge. Der Nachmittagtrieb wurde abgesagt, weil die festgelegte Zahl schon am Vormittag abgeschossen war. Nun kamen die Metzger. Aus dem Schweiß (Blut, Anm.) der Sauen entstanden beste Blut- und Leberwürste. Nach dem, aufregenden

Vormittag schmeckten sie besonders gut." Diese Jagd findet zwischen 1893 und 1912 statt. Unter annähernd natürlichen Jagdverhältnissen wären solche Strecken unmöglich gewesen.

Die Jagdeinrichtungen sind um 1910 vom einfachen Jagdstand bis zur komplexen Sortierkammer sehr umfangreich.

Prinzregent Luitpold von Bayern begutachtet nach einer Wildschweinjagd die Strecke im Forstenrieder Park.

Neben der Treibjagd entwickelt sich immer mehr die selektive Jagd auf Rothirsch und Damhirsch. In den Monaten September bis November finden an den Brunftplätzen oder Wechseln unter Führung eines Forstbeamten oder (Berufs- bzw. Leib-) Jägers Einzeljagden auf starke Hirsche statt. Ausgewählte, besondere Stücke kommen hierbei zur Stecke. Wegen der möglichen Beunruhigung darf in dieser Zeit niemand die dafür vorgesehenen Jagdbereiche betreten.

Am 7. Oktober 1918 schließlich erlegt König Ludwig III. wenige Tage vor der Revolution den letzten bayerischen Königshirschen im Forstenrieder Park. Mit der Monarchie endet die Jagdhoheit der Wittelsbacher im Forstenrieder Park nach über 500 Jahren. Für den letzten Königshirsch wird mehrmals eine Erinnerungstafel aufgestellt. Diese wird jedoch selber zur Trophäe und immer wieder entwendet. Hirschgeweihe aus dem Forstenrieder Park der Prinzregentenzeit hängen heute in der Münchner Residenz und im Wirtshaus auf Schloss Kaltenberg.

Die Jagd wird nach der Revolution wie auf allen staatlichen Flächen von der Bayerischen Staatsforstverwaltung in den verschiedensten Formen ausgeübt. Regelmäßig finden bis zum Ende des 20. Jahrhunderts Staatsjagden mit gesellschaftlichem Anspruch und entsprechenden Teilnehmern aus Politik und Gesellschaft, zunehmend auch Verwaltung statt. Immer stärker wird aber auch den Belangen der Bevölkerung Rechnung getragen. Es werden keine repräsentativen Jagden mehr durchgeführt. Stattdessen wird der Wildpark immer mehr zu einem Ausflugsgebiet. Besonders die Bewohner des Münchner Südens gehen am Wochenende außer zum Spazierengehen oder Radfahren auch zur Beobachtung von Wildschweinen und Hirschen in den Park.

Der Wildpark entwickelt sich zu einem besonderen Naherholungsgebiet mit der Möglichkeit der Wildtierbeobachtung. Dies hat auch seinen gerechtfertigten Preis: Allein der Außenzaununterhalt kostet jährlich etwa 37.000 Euro, die Personalkosten liegen um 50.000 Euro. Für die Fütterung des Wildes werden knapp 20.000 Euro aufgewendet. Dem gegenüber steht ein Deckungsbeitrag aus Wildbretverkauf, Jagdgebühren und sonstigen Einnahmen in Höhe von rund 45.000 Euro.

Seit dem Jahrtausendwechsel wird eine grundlegende Neuausrichtung der Jagdausübung im Forstenrieder Park vorgenommen. Nicht mehr die Belange Einzelner, sondern eine an den Bedürfnissen der Gesellschaft und den wildbiologischen Erkenntnissen orientierten Jagd steht im Vordergrund. (A.M.)

Die Entwicklung zum Wildpark Forstenried

Das Ende der Monarchie fordert auch im Forstenrieder Park Veränderungen. 1919 wird der westlich der heutigen Autobahn München-Garmisch gelegene Teil ausgeparkt. Durch die Anlage einer überirdischen Starkstromleitung wird 1925 die Holzbodenfläche weiter verringert. Im Norden entsteht 1925 die Schießstätte Hubertus, 1961/62 Leitungen und Hochzonenbehälter für die Wasserversorgung Münchens. Der Wildpark Forstenried ist heute ein etwa 2.000 ha großer, eingezäunter Waldteil des Forstenrieder Parks, der von der Bayerischen Staatsforstverwaltung, seit 2005 den Bayerischen Staatsforsten, bewirtschaftet wird. Der Wildpark liegt direkt an der südlichen Stadtgrenze Münchens und wird im Westen von der Autobahn München-Garmisch und im Osten durch die Bundesstraße 11 München-Wolfratshausen begrenzt. Die fürstlich jagdliche Nutzung erhält den Wald trotz seiner Nähe zum Münchner Ballungsraum. Der Park entwickelt sich zu einem stark frequentierten Naherholungsgebiet. Gerade deshalb befindet sich der Wildpark zwischen Wirtschaftsfläche und Erholungsgebiet immer wieder in der Diskussion. Dies nicht zuletzt wegen der eingeschränkten forstlichen Bewirtschaftung des Waldes, des Unterhalts des insgesamt 22 km langen Wildzaunes, der problematischen Wildbewirtschaftung und der aus dem hohen Wildbestand resultierenden Verbiss- und Schälschäden.

Mit Beschlüssen des Landtagsausschusses für Staatshaushalt und Finanzfragen vom 21. März 1957 und des Landtagsplenums vom 6. Juni 1957 wird der Erhalt der Wildparke Ebersberg und Forstenried neben anderen mit den Zielen jagdlicher Repräsentationspflichten bestätigt. Problematisch ist in den folgenden Jahrzehnten immer die Erfüllung der waldbaulichen Ziele angesichts lokal überhöhter Wildbestände.

1996 überprüft der Bayerische Oberste Rechnungshof die Wildparke Forstenried und Ebersberg und kommt zu dem Ergebnis, dass die jährlichen Verluste von knapp 600.000 DM nicht mehr akzeptabel und alle geeigneten Mittel zu ergreifen seien, den Jagdbetrieb zu rationalisieren. Zu ähnlicher Auffassung kommen das Bayerische Staatsministerium für Ernährung, Landwirtschaft und Forsten und die Forstdirektion Oberbayern-Schwaben. Die wirtschaftlichen Verluste seien in der derzeitigen Größenordnung kaum länger hinnehmbar. Ebenso bestünden für die Aufrechterhaltung der Wildparke keine betrieblichen Gründe. Die so grundsätzlich diskutierte Frage einer Auflösung oder Beibehaltung der Wildparke blieb der Öffentlichkeit nicht verborgen und führt seitens engagierter Verbände und Vereine, der Anwohner und der Medien zu heftigen Diskussionen.

Zur Versachlichung beauftragt das zuständige Ministerium den Lehrstuhl für Landnutzungsplanung und Naturschutz an der Forstwissenschaftlichen Fakultät der Ludwig-Maximilians-Unversität München mit einer wissenschaftlichen „Studie zur Entwicklung der beiden Wildparke". Deren Ziel ist, für eine „zeitgemäße Neukonzeption (...) die verschiedenen Interessenslagen (Forstbetrieb, Erholung, Jagd, Naturschutz, Kultur etc.) zu berücksichtigen". Gleichzeitig böte sich an, „im Rahmen einer landschaftsplanerischen Entwicklungsstudie alternative Konzepte zur Entwicklung der Wildparke vorzustellen. Diese alternativen Lösungsansätze sollen neben einer Vision des anzustrebenden Endzustandes in groben Zügen auch die einzelnen Umsetzungsschritte sowie den hierfür erforderlichen Zeitrahmen enthalten". In der Bestandsaufnahme werden die verschiedenen Funktionen Landschaftsschutz, Wasserschutz, Klimaschutz, Lärmschutz und Erholungsfunktion ebenso wie der beinah flächendeckende Status als Bannwald deutlich.

Auf Basis der vorhandenen Berichte und Gutachten, wohl auch der 29.000 gesammelten Bürgerstimmen, entscheidet sich der Landwirtschaftsausschuss im Bayerische Landtag am 20. März 2001 für den Erhalt der Wildparke. „Der historisch gewachsene Nadelwald soll stabilen Mischwäldern weichen, die Wildbestände sollen auf ein waldverträgliches Maß reduziert werden". Ein 2002 wieder vom zuständigen Ministerium eingefordertes „Wildbiologisches Gutachten zur Erlebbarkeit von Wildtieren" nennt als wichtige Rahmenbedingung den weiteren „Umbau des Waldes in stabilen Mischwald bei Reduktion der Wildschäden auf ein tragbares Maß". Die Besonderheiten des Forstenrieder Parks mit seinen Wildbeständen sollen erhalten und mit einem Jagdkonzept, das feste Ruhe- und Jagdzeiten, aber auch gesperrte Wildruhezonen und öffentliche Beobachtungspunkte vorsieht, in die Zukunft gebracht werden. Zur Bundesgartenschau 2005 schließlich werden in Anwesenheit des bayerischen Staatsministers für Landwirtschaft und Forsten die infrastrukturellen Maßnahmen der Öffentlichkeit vorgestellt, dazu eine Ausstellung über die beobachtbaren Wildtiere und die Geschichte der „Wittelsbacher Jagd im Forstenrieder Park". (jav)

Der Forstenrieder Park und die Gesellschaft

Die „Hoff March Poschets- und Forsterriedt" in einem Ausschnitt eines Kupferstiches von Michael Wening. Der Nürnberger Metzgersohn stellt für Kurfürst Max Emanuel in der Historico-topographica descriptio Bavariae die Orte der bayrischen Rentämter kurz vor 1700 dar.

Die Entdeckung der Münchner Landschaft

„Bald erreicht man den Wald und erblickt vor sich in der Weite von einer kleinen Stunde das Schloss Fürstenried, in einer kleinen Entfernung (...) zieht sich die Straße links nach Forsten- oder Poschenried", beschreibt Lorenz von Westenrieder 1784 in seinem Buch „Würm- oder Starnberger See und die umliegende Gegend". Ihm gefällt das Schloss Fürstenried, weil „es keine ungeheuren und prächtigen Säle" hat. „Der Garten ist im Verhältnis zum Schloss eben nicht klein und enthält lichte und dunkle Partien...; westwärts liegt ein sehenswürdiges Ökonomiegebäude und rings umher der schönste Wald. Hat man das Dorf Forstenried im Rücken, so kommt man bald bei dem Tore an, das in den Park führt..." Soweit Westenrieder und sein Bild der Landschaft.

Der Begriff einer Münchner Landschaft ist bis zur Mitte des 20. Jahrhunderts üblich. In starkem Gegensatz dazu wird das Gebiet heute gemäß Bayerischen Landesplanungsgesetz mit dem technokratischen Begriff der Planungsregion 14 bezeichnet. Historische Dimension, Entwicklung und Bedeutung der Münchner Landschaft mit ihrer Wirkung bis in die Gegenwart werden so vernachlässigt. Dabei ist es Jahrhunderte lang schwierig genug, ihrer Herr zu werden. Die Wasserversorgung schränkt die frühe Besiedlung ein, die nährstoffarmen Böden der Münchner Schotterebene lassen nur eine extensive landwirtschaftliche Nutzung zu. Geschlossene Waldpartien finden sich wegen des Eintriebs von Vieh Ende des 18. Jahrhunderts kaum, große Weideflächen unterbrechen den Wald. Es entwickelt sich eine von Viehweide geprägte Hutelandschaft. Hier sind die „Schwaigen oder Viehhöfe, (...) wo mehr Viehzucht als Ackerbau betrieben wird, gewöhnlich einzeln und in Mitte gras- und holzreicher Umgebungen, wo für die mehr oder weniger zahlreichen Herden, (...) hinlänglich Sommer- und Winterfutter wächst". Die auf wirtschaftlicher Eigenständigkeit begründeten Schwaigen erschließen die Landschaft mit lockerer Spannung. Schleißheim, (Unter-)Kemnath und Poschetsried werden Gründungsorte der Schlösser Schleißheim, Nymphenburg und Fürstenried.
Hier konzentriert sich die landwirtschaftliche Nutzung. Der Bedarf an Arbeitsplätzen führt zu lokalen Wirtschaftseinheiten. Aus der Schwaige Kemnath wird der Weiler Nymphenburg, aus Poschenried wird Fürstenried.

Über die Sicht der Bevölkerung vor 1800 auf ihre Landschaft vermutet Georg Jacob Wolf um 1900 „drei Dinge (...), die da entscheidend wirkten: Jagden und Lustfahrten bei den Großen und Mächtigen des Volkes, Wallfahrten und der Besuch von Heilbädern und Gesundbrunnen bei der Gesamtheit des Volkes. Selbstverständlich kommt hinzu, daß sich bei dem Landbewohner auch manch andere Berührung mit der Landschaft ergab. Nicht allein, daß er seinen Acker bebaute, bezog er auch Weideland und trieb sein Vieh (...), war als Holzknecht tätig, fuhr auf Flößen, suchte Heilkräuter". Eine sicher idealisierte Sicht auf das Landleben, nicht nur wenn man es mit Forstenried vergleicht. „Die alten Bauern hier waren trinkfeste Leute, das Wirtshaus immer kräftig besucht. (...) Kartenspiel liebten sie sehr. (...) Raufhändel im Wirtshaus gab es auch häufig, wie die Gerichtsakten erzählen", so Franz Xaver Krieglsteiner.

Bis 1803 ist die Münchner Landschaft politisch auf die Landgerichte Wolfratshausen und Dachau sowie die Reichsgrafschaft Ismaning aufgeteilt. In den diesen untergeordneten Hofmarkherrschaften wird das politische Alltagsgeschäft von Adel, Klöstern und Ministerialen bis zur niederen Gerichtsbarkeit durchgesetzt. Herrenhäuser und Schlösser sowie Kloster Schäftlarn symbolisieren den Machtanspruch oft weithin sichtbar in der Landschaft. Die Burg Grünwald ist seit 1293 als Ministerialensitz im Besitz der Wittelsbacher, in der Landschaft befinden sich daneben Schloß Laufzorn, Planegg, Seeholzen (Kloster Benediktbeuern), Taufkirchen und Höhenkirchen. Die Macht der Obrigkeit bemerken die Bewohner rund um den Forstenrieder Park aber auch ohne die demonstrativen Schlösser. „Große Lustjagd im Forstenrieder Park am 4., 5. Und 6. Januar 1806. Anzeige über die sämtliche Mannschaft... welche nach Forstenried bestellt... zur Machung des Fürstenweg... mit axten und Schaufeln". Auch zu „einer am 2. Januar 1806 stattgefundenen Hofjagd bei Puchendorf wurden auf Befehl Seiner gnädigsten Durchlaucht durch Herrn Max Anton Jägerhuber, Parkmeister, 250 kernhafte Klopfer bestellt. Die Leute wurden verschafft aus Gauting, Percha, Stockdorf, Puchendorf. Tagvergütung pro Mann 18 kr. Franz Xaver Krieglsteiner hat viele Beispiele zur Bestellung von Anwohnern aufgeführt. Diese erhalten zwar eine Entschädigung, sind aber auch tagelang fern von ihren Höfen und haben sicher eine andere Vorstellung von der Münchner Landschaft als Franz von Paula Schrank 1784 in seiner Bayerischen Reise: „Der Weg ging durch den Forst bei Fürstenried, eine herrliche Allee begrenzte beiderseits die Straße, so lang ihr Weg durch den Forst führte, der fast durchgehend aus Laubholz, vorzüglich aus Eichen, bestand... So abwechselnd durch Laubhölzer und Äcker und reizende Wiesen fuhren wir bis Starnberg fort; nur hier und da ward mein Vergnügen an der

Schönheit des Landes von Strecken unterbrochen, die, ohne unfruchtbar zu sein, doch das Ansehen davon hatten. Es waren dies Weideplätze, auf denen das Vieh, wie das überall geschieht, zwei Dritteile zertreten und einen anderen abgeweidet hatte." Es gibt also auch für Schrank nicht nur den idealisierten Blick auf die Landschaft, die er von der Straße aus betrachten kann wie „die Großen und Mächtigen" – wieviel anders die Landbevölkerung, die in der Münchner Landschaft immer aufs Neue ihren Lebensunterhalt bestreiten musste. (jav)

Fememord im Forstenrieder Park

„Es geschah im Forstenrieder Park" beginnt ein Essay über den Mord an Maria Sandmayer, einem 19-jährigen Dienstmädchen aus München, das am 6. Oktober 1920 erdrosselt im Forstenrieder Park aufgefunden wird. Sie wollte wohl ein ihr bekanntes Waffenlager anzeigen und teilt dies versehentlich einem Mitglied der Münchner Einwohnerwehr mit. Maria Sandmayer ist das erste Opfer von sechs in Bayern durchgeführten Verbrechen, die als Fememorde gelten.

„Der ursprünglich aus dem Mittelalter stammende Begriff erlebte nach seiner Verwendung in der Satzung der Organisation Consul während der unruhigen Anfangsjahre der Weimarer Republik eine Renaissance. Femetaten stellten eine besondere Form der Verbrechenskategorie des politischen Mordes dar und bezeichneten eine Form der geheimen Selbstjustiz, indem Angehörige vaterländischer Organisationen vermeintliche Verräter von Waffenlagern und ähnlichen Geheimnissen töteten. Zwischen 1920 und 1923 starben in Bayern 6 Menschen durch Fememorde. Die Strafverfolgung korrelierte mit der nicht nur in Bayern weit verbreiteten Tendenz, gegenüber politisch rechts stehenden Straftätern Milde walten zu lassen".

Die sechs bayerischen Fememorde werden zwischen Herbst 1920 und Herbst 1921 sowie Anfang 1923 verübt. Die Taten sind nicht zu trennen von den Ereignissen der Revolution, den niedergeschlagenen Räterepubliken von 1919 und der Entwicklung Bayerns zur rechten Ordnungszelle im Deutschen Reich 1920. Fast alle bayerischen Fememorde werden im Umfeld sogenannter Einwohnerwehren begangen. Diese stehen als bewaffnete Bürgerwehr unter der Führung von Nationalisten und gewinnen bis 1921 einen erheblich Einfluss auf die bayerische Innenpolitik – die sie bis hin zum bayerischen Ministerpräsidenten Gustav von Kahr (1862-1934) auch unterstützte. Selbst Auflösung und Entwaffnung der Wehren, eine vehemente Forderung der Siegermächte des Ersten Weltkriegs, versucht von Kahr zu verhindern. In den Jahren 1920 und 1921, in denen sich fünf bayerische Fememorde ereignen, spitzt sich die Auseinandersetzung um die Einwohnerwehr zu und gipfelt in deren Auflösung im Juni 1921. Danach zersplittert sich die rechtsextreme Szene in eine Vielzahl, zum Teil rivalisierender, vaterländischer und völkischer Gruppierungen. Ein Teil findet sich später in der NSDAP wieder.

Die Ermittlungen und Verfahren um Maria Sandmayer ziehen sich in höchste staatliche und gesellschaftliche Kreise, entsprechend zäh und beinah ergebnislos verlaufen sie. Die 4. Strafkammer des Landgerichtes München I stellt am 28. Juli 1931 das letzte anhängige Verfahren ein. Maria Sandmayer wäre nun 30 Jahre alt gewesen.

Der Forstenrieder Park als Erholungsraum

Der Wald spielt für die Erholung der Stadtbevölkerung eine besonders große Rolle. Die Staatswälder des Perlacher und Grünwalder Forstes sowie des Forstenrieder Parks sind von zentraler Bedeutung für die Lebensqualität der Bürger. Denn im Großraum München leben mehr als zwei Millionen Menschen, die die umliegenden Wälder zur Freizeitgestaltung nutzen. Die Art der Erholungsnutzung ist vielfältig, konzentriert sich aber zu 70 % auf Spazierengehen, Wandern und Radfahren. Sportlicher orientierte Waldbesucher wie Jogger oder Reiter machen rund 30 % aus. So konzentriert sich die Naherholung auf dem Wegenetz.

Der Forstbetrieb München, der hier die Staatswälder bewirtschaftet, unterhält ein komplexes Wegenetz von über 172 km Länge. Die Instandhaltung kostet im Jahr rund 430.000 Euro. Die Forstwege dienen ursprünglich rein betrieblichen Zwecken, wie der Holzabfuhr. Eine mehrfache Nutzung entsteht durch Spaziergänger und Radfahrer. Nur Reitwege sind separat ausgewiesen. Für die stadtnahe Erholungsnutzung sind Parkplätze wichtig, denn trotz ausgezeichneter Anbindung wird der öffentliche Nahverkehr nur von 2 % der Besucher genutzt, 24 % kommen mit dem Auto. Der Forstenrieder Park ist unmittelbar am südlichen Stadtrand der Landeshauptstadt ein Erholungsraum ersten Ranges. Neben Wander- und Radwegen erhöhen besondere Einrichtungen seine Anziehungskraft. Attraktivster Ort ist der Wildpark mit seiner neuen Infrastruktur. Hier können Wildschweine wie in freier Wildbahn beobachtet und erlebt werden. Rotwild und Damwild sind besonders in der Winterzeit an der Schaufütterung der nördlichen Wildwiese zu beobachten. Um das Wild im Forstenrieder Park sichtbar und erlebbar zu machen, wird ein Wildparkkonzept mit verschiedenen Maßnahmen umgesetzt. Die Einrichtung von zwei Wildruhezonen und großzügigen Wildäsungsflächen mit parkartiger Gestaltung ermöglicht, das bislang heimlich lebende Rotwild auch tagsüber beobachten zu können.

Die Eichenalleen des Carolinen- und des Ludwig-Geräumts sind historisch und naturkundlich bedeutend und werden als Wanderroute geschätzt. Sie leiten durch den Forstenrieder Park zum Eichelgarten. Diese größte ehemalige Forstwiese ist ein Relikt aus der Zeit des „Blumbesuchs" und zeigt die Folgen der Waldweide: einer Bodennutzungsform, die dem Wald erheblichen Schaden zugefügt hat. Heute ist der Eichelgarten mit seinen uralten Huteeichen und ausgedehnten Wiesenflächen ein Anziehungspunkt für Naturliebhaber und Botaniker. Viele Alteichen sind Zeugen früherer Nutzungen im Fors-

DER FORSTENRIEDER PARK UND DIE GESELLSCHAFT

Pflege der Eichenallee am Ludwig-Geräumt

tenrieder Park. Entlang der Alleen oder im Bereich der 8-er Lacke sieht sie jeder Waldbesucher, tief in den Beständen, oft umschlossen von Fichte und Kiefer, verbergen sich noch weitere bizarre Alteichen. Häufiger sind diese wertvollen Strukturelemente südlich der Ludwig-Maximilians-Eichen im Revier Maxhof zu finden. Dort hat der Forstbetrieb in einer Zone von 50 Metern beidseits des Forstwegs durch Entnahme der Fichten eine Vielzahl ehrwürdiger Alteichen freigestellt und sichtbar gemacht. Im Bewusstsein seiner Verantwortung für die

Naherholung im Ballungsraum hat der Forstbetrieb München im Jahr 2008 ein regionales Erholungskonzept erarbeitet. Es ist mit Beteiligung verschiedener Interessengruppen entstanden, um Naturgenuss und Naturerlebnis der Waldbesucher entgegenzukommen. Vorrangiges Ziel des Erholungskonzeptes ist daher, in den Wäldern Orte der Ruhe und Entspannung zu bieten. Der Forstbetrieb unterstützt dieses Ziele nachhaltig und schafft Strukturreichtum und Vielfalt mit dem naturnahen Waldbau. Dieser bildet das Rückgrat der Erholungsfunktion der stadtnahen Wälder. Eine Eventkultur oder die aus den 1970er Jahren bekannte Möblierung des Waldes ist kein Ziel des forstbetrieblichen Konzepts. Historische Strukturen, wie sie im Forstenrieder Park häufig vorkommen, werden behutsam akzentuiert, denn sie sind eine deutliche Aufwertung für die Naherholung. (W.S.)

DER FORSTENRIEDER PARK UND DIE GESELLSCHAFT

In der Karte zum „Regionalen Erholungskonzept" sind die besonderen Erholungsschwerpunkte und -wege dargestellt.

Wald in Gefahr – Natürliche Katastrophen und menschliche Entscheidungen

Obwohl der heutige Durchschnittsmensch in etwa so alt wird, wie ein Durchschnittsbaum im Forstenrieder Park, also etwa 80 Jahre, fällt es nicht leicht, die vielen schwierigen Situationen, denen der Wald in den letzten Jahrhunderten ausgesetzt war, mit denen des Menschen zu vergleichen. Noch schwieriger ist es dann, sie einzuschätzen oder gar zu werten: ist ein Schadereignis, etwa ein Waldbrand, nun wirklich eine Gefahr für den Wald gewesen? Hat er dadurch dauerhaft gelitten? Der einzelne Baum sicher, auch wenn er überlebt hat. Dies ist, wenn der Baum gefällt wird, auch an den einzelnen Jahrringen zu erkennen und nachzuweisen. Der Wald insgesamt ist aber immer noch vorhanden. Es ist also nur eine lokal und zeitlich begrenzte Gefahr, vielleicht sogar nur eine Gefährdung – auch wenn sie für die Menschen wie eine Katastrophe erscheint.

„Wald in Gefahr" lautet eine Veröffentlichung des Bayerischen Forstministeriums in den 1980er Jahren, die sich mit biotischen und abiotischen Schäden, also denen der belebten und der unbelebten Umwelt, befasst. Der Faktor Mensch wird dabei – wenn auch oft Verursacher oder Beschleuniger der Schäden – außer Acht gelassen in den Zeiten des Waldsterbens in Bayern und Deutschland.

Das Waldsterben und die öffentliche Debatte darüber werden zu dem bedeutendsten Umweltthema Deutschlands, denn man befürchtet, der deutsche Wald sei vom Absterben bedroht. Denn seit Ende der 1970er Jahre sterben im süddeutschen Raum und den angrenzenden Regionen gehäuft Tannen ab. Hinzu kommen Meldungen von zusammenbrechenden Wäldern, zumeist Fichten, aus dem stark durch Luftverschmutzung belasteten Erz- und Riesengebirge. In Skandinavien versauern Seen und man fokussiert das Phänomen des Sauren Regens: in Regenwasser gelöstes Schwefeldioxyd und Stickstoffoxyde. Der Wissenschaft stellt sich die Frage, ob Luftschadstoffe diese Schäden verursachen.

Um die langfristige Entwicklung des Waldzustands erfassen und beurteilen zu können, entwickelt die Bayerische Landesanstalt für Wald und Forstwirtschaft (LWF) 1983 ein Verfahren zur Kronenzustandserhebung. Hauptmerkmale sind Kronenverlichtung und Vergilbungen. Die Deutsche Forschungsgemeinschaft (DFG) fördert ein Projekt unter dem Titel „Und ewig sterben die Wälder". Zunächst nur in den politischen Berichten spricht man beinah euphemistisch von neuartigen Waldschäden. Dieser Begriff ist heute in der Forschung etabliert und hat sich als richtig erwiesen.

In Bayern findet an der Bayerischen Landesanstalt für Wald und Forstwirtschaft seit 2006 eine Forstliche Umweltbeobachtung statt. „Ein Kennzeichen ist die intensive Verschränkung ihrer drei Komponenten zu einem Informationsnetzwerk". Hierfür wird der Zustand der Wälder in einem Monitoringprogramm beobachtet. Dazu gehören die Bundeswaldinventur (BWI), die Bodenzustandserhebung (BZE), das Waldschutzmonitoring und die jährliche Kronenzustandserhebung (KZE) sowie die Waldklimastationen. „Diese fließen in die Beantwortung zentraler forstpolitischer Fragen ein... Seit 2009 werden die Ergebnisse dem Bayerischen Landtag zur Kenntnisnahme zugeleitet und im Internet veröffentlicht."

Das Waldsterben hat erhebliche politische, industriepolitische und gesellschaftliche Auswirkungen. Filteranlagen werden in der Industrie Standart, Katalysatoren und bleifreies Benzin werden in Autos eingebaut. Mit diesem sauren Regen, möchte man sagen, hätten wir den deutschen Wald beinah dahin gerafft, oder war dies alles nur Schwarzmalerei? Schließlich stehen auch heute noch Bäume in einem relativ gesunden Wald. Das Waldsterben nur als Medienphänomen? Zu der medienpolitisch in Deutschland sicher einmalig ausgeschlachteten Formel „Der Wald stirbt" ringen Befürworter und Widersprecher leidenschaftlich.

Eine ähnliche Diskussion erfährt heute der Klimawandel. Allerdings gibt es dabei eindeutige sachliche Unterschiede. Das Waldsterben ist räumlich und zeitlich begrenzt, der Klimawandel ist ein globales Problem mit der Dimension von Jahrhunderten. Der Handlungsbedarf könnte also folgenden Generationen überlassen werden. Zwischen „Tatsache oder Hirngespinst" meinen die deutschsprachigen forstlichen Forschungs- und Versuchsanstalten, dass „gerade im Bereich der Forstwirtschaft der Klimawandel ein großes Thema" sei. Ein gemeinsames Papier –

die „20 Freisinger Punkte" – definiert den Klimawandel als Tatsache und daher auch einen forstlichen Handlungsbedarf. „Die Aufgabe der forstlichen Forschung ist es nun, die Auswirkungen des Klimawandels auf die Wälder und die Forstwirtschaft zu erfassen, zu bewerten und Anpassungsmaßnahmen nach dem Stand von Wissenschaft und Technik zu entwickeln".

Mit diesen globalen Problemen scheint man im Forstenrieder Park in den letzten Jahrhunderten wenig zu tun zu haben. Es gilt, die lokalen Gefahren und Probleme zu lösen. Neben Hagelschlägen und Spätfrösten sind dies auch immer wieder Waldbrände. „Am 3. Mai 1747 brach im Rechberger Walddistrikt ein verheerendes Feuer aus, wodurch über 40 starke Eichenstämme zerstört wurden". Die Eichen waren die Schätze des Forstenrieder Parks. Ersetzt werden sie aber unter großem Aufwand in erster Linie mit Kiefer. „Am 22. April 1815 vernichtete ein großer Waldbrand 83½ Tagwerk schlagbare Waldung. Die Wiederaufforstung erforderte einen Bedarf von 835 Pfund Föhrensamen und einen Kostenaufwand hiefür von 640 Gulden und 1700 Gulden für die Umzäunung des ganzen Platzes".

Auch die jahrzehntelange Herausforderung, überhaupt einen Wald auf die Forstwiesen zu bekommen, erleiden immer wieder Rückschläge. Denn als endlich ein Holzbodenanteil von 89% erreicht ist, führen die Nonnenkatastrophen der Jahre 1889/92 zu 800 Hektar Kahlflächen. „Ende Juli 1889 wurden die östlich der Starnberger Straße gelegenen Waldungen von Nonnenfaltern befallen... Als Bekämpfungsmaßregel wurde anfangs Abkehren der vom Boden aus erreichbaren Schmetterlinge mit stumpfen Besen durch Kinder vorgenommen. Die Kosten betrugen 78,66 Mark... In der ersten Juliwoche (1890) erreichte der Fraß in diesem Jahr seinen Höhepunkt. (Es) waren bereits befallen: stark 417 Hektar, mäßig 640 Hektar, schwach 1137 Hektar; sohin im Ganzen 2.194 Hektar. Es blieb nun nichts anderes übrig, als die kahlgefressenen Bäume zu fällen. Die Fällungen begannen Ende Juli 1890 mit 200 fremden und 87 einheimischen Arbeitern. Im Jahre 1891 erreichten die Beschädigungen ihren Höhepunkt. Im Juli 1891 waren bereits kahlgefressen 750 Hektar mit einem ungefähren Anfall von 180.000 Festmeter. Merklich befressen waren 250 Hektar mit einem ungefähren Anfall von 35.000 Festmeter. Die Kosten für die 1892 vorgenommen Tilgungsmaßnahmen betrugen 87.211 Mark". Gut 550.000 Festmeter Holz fallen insgesamt an. Eine gewaltige Menge im Verhältnis zu den 400 Hektar Kahlfläche, die Bombardierungen und nachfolgende Borkenkäferkalamitäten des Zweiten Weltkrieges fordern.

Die Aufforstung der Nonnenkahlflächen findet ab 1892 überwiegend mit der Fichte statt, die so weitere 100 Jahre die dominierende Baumart im Forstenrieder Park

DER FORSTENRIEDER PARK UND DIE GESELLSCHAFT

Spätfrostschäden führen bei jungen Bäumen oft zum Absterben, bei älteren zu verlangsamtem Wachstum. Es entsteht ein lückiges Waldbild. Die entstehende dichte Vergrasung behindert die Naturverjüngung von Eiche, Buche und selbst Fichte.

den Rahmenbedingungen des nächsten Jahrhunderts standhalten können. Denn auch für den Wald gilt: „Es kommt nicht darauf an, die Zukunft vorauszusagen, sondern darauf, auf die Zukunft vorbereitet zu sein". Inwieweit diese Worte des Perikles, einem führenden Staatsmann Athens um 500 v. Chr., auch für die heutigen Politiker gelten, werden aktuelle Gefahren für den Forstenrieder Park zeigen, die wirklich von Menschen gemacht sind: der Autobahn-Südring, der nicht nur die Rodung von etwa 40 Hektar Wald bedeuten würde, sondern auch die Zerschneidung des Waldes, seine Trennung von den anliegenden Orten und die Zerstörung des Wildparks Forstenried. (jav)

bleiben soll – bis sie von den Orkanen Vivian und Wiebke 1990 großflächig umgelegt wird. Spätestens hier stellt sich die Frage, wie natürlich diese Katastrophe ist, oder wie viel wir Menschen dazu beigetragen haben könnten – wenn auch im damals, zu Zeiten der Nonnenaufforstung, besten Wissen. Dies schreibt sich der Forstbetrieb München heute auch in sein Waldbuch, denn der Forstenrieder Park soll dauerhaft Wald bleiben. Mit den Klimarisikokarten werden optimale Waldzusammensetzungen entworfen, um

Alteichen und Totholz im Eichelgarten

Der Autobahn-Südring im Forstenrieder Park

Immer wieder wird ein seit den 1940er Jahren diskutierter Lückenschluss des Autobahnrings (A 99) im südwestlichen Bereich um München von verschiedenen Seiten vorgeschlagen. Damit sollen heute Verkehrsprobleme am Mittleren Ring und am Nordostabschnitt der A 99 gelöst werden. Zwischen 2007 und 2010 wird diese Möglichkeit im Rahmen einer Machbarkeitsstudie erneut geprüft.

Ein Zwischenbericht der Machbarkeitsstudie sieht nur eine geringe Entlastungswirkung auf die A 99, lediglich der Mittlere Ring könne profitieren. Drei der vier vorgeschlagenen Korridore für die Trasse verlaufen komplett durch den Park. Im Mai 2010 wird als Ergebnis festgestellt, dass der Südring grundsätzlich machbar sei. Die bevorzugte Variante läuft durch den Forstenrieder Park mit Anschlüssen an die A 95 und an die Straße von Neuried nach Gauting im Forst Kasten. Im besiedelten Bereich werden Tunnel geplant, in den Wäldern verliefe die Autobahn oberirdisch. Die derzeitigen Kosten werden mit 1,2 Milliarden Euro veranschlagt.

Dieses Ergebnis führt zu einer weiteren Protestwelle in und um München. Mit den Vereinigten Bürgerinitiativen Südlicher Erholungsraum München sowie einzelnen Politikern aus unterschiedlichen Parteien setzen sich die Freunde des Forstenrieder Parks gegen eine zweite Autobahn durch Wald und Wildpark ein. Der Verein wendet sich im Mai 2010 auch an Ministerpräsident Seehofer: „unser Anliegen und die Botschaft zuerst: wir erwarten von Ihnen den Einsatz gegen die Zerstörung des Forstenrieder Parks und des Wildparks infolge Zerschneidung durch den Südring. Gleichzeitig erwarten wir vom Bayerischen Ministerpräsidenten Impulse, die über den Tag hinaus gehen. Und dazu gehört sicher der Schutz eines historisch und in seiner Größe und Lage einmaligen Waldbestandes wie dem Forstenrieder Park." Die Süddeutsche Zeitung zitiert am 20. Mai 2010 Ministerpräsident Seehofer, er würde „ernsthaft darüber nachdenken, das Projekt nicht weiter zu verfolgen". Das Bayerische Kabinett beschließt am 13. Juli 2010, dass der „Autobahn-Südring derzeit nicht weiter verfolgt" wird, denn der „Ministerrat (sähe) in diesem Jahrzehnt keine Finanzierungsmöglichkeit für den rund 1,2 Milliarden teuren Autobahn-Südring." Außerdem bestehe „derzeit ohnehin kein Handlungsbedarf, weil der Bund in dieser Legislaturperiode keinen neuen Verkehrswegeplan beschließen werde". Es findet sich also keine verkehrspolitische oder raumplanerische, geschweige denn gesellschaftliche oder naturschützerische Begründung: der Südring scheitert lediglich an der Finanzierung.

Die Freunde des Forstenrieder Parks erwarten andere Aussagen: „Wir reden hier nicht über Verkehrspolitik (ein Autobahnring mag sinnvoll sein), auch nicht über Machbarkeiten (dies erwarten wir für nahezu jedes Autobahnprojekt), nicht über Studien (der Vergleich verschiedener Alternativen muss zu einem Ergebnis führen)… Wir reden hier schlichtweg über unser eigenstes Anliegen: die Rettung des Forstenrieder Parks, der durch die weitere Zerschneidung zerstört würde, und die Rettung des Wildparks, der durch die Zerschneidung zerstört würde."

Übrigens legt der bayerische Innenminister in der erwähnten Kabinettssitzung nach: „Eine Option für das Projekt bleibt aber für die Zukunft offen". Die einzige Option für den Forstenrieder Park und den Wildpark Forstenried ist damit für die Zukunft auch einfach beschrieben: Schutz und Erhalt in vollem Umfang für alle natürlichen und gesellschaftlichen Funktionen.

Die geplanten Trassen des Autobahn-Südrings würden Schneisen von 50 Meter Breite in den Wald schlagen. Sie würden den Forstenrieder Park zerschneiden, den Wildpark zerstören und etwa 47 Hektar Waldverlust verursachen. Der Protest der Freunde des Forstenrieder Parks e.V. gegen den Autobahn-Südring wird sehr sachlich geführt. Dazu passt eine plakative Zusammenfassung der Gefahren für den Park.

Sehenswertes und Besonderheiten im Park – 25 Stationen
(Karte siehe Seite 3)

Erlebte Zeitgeschichte – mit dem Radl auf Spurensuche Die **Route (1-25)** der Spurensuche ist auf der Karte im vorderen Bucheinband dargestellt. Die Ziffern in Klammern bezeichnen die Lage der beschriebenen Orte. Manch einer mag vielleicht fragen, was denn schon so spannend daran sein kann, im Park stundenlang zu wandern oder zu radeln, entlang kerzengerader Forstwege, die links und rechts oft von dunklen Fichtenwäldern gesäumt werden? Doch der Forstenrieder Park hat sich verändert: Er hat sich zu einem lichtdurchfluteten, vielfältigen und eindrückliche Wildbeobachtungen ermöglichenden Naherholungsraum entwickelt. Und er ist ein Bildungs- und Besinnungsort, der Zeit- und Waldgeschichte erlebbar macht. Bei einer etwa zweistündigen Radtour kann man zahlreiche besondere Orte aufsuchen. Wer zu Fuß unterwegs ist, erwandert einzelne Teilstücke in Etappen.

Die Tour beginnt am **Parkeingang in Unterdill**. Der geteerte Neuhauser Weg führt nach knapp zwei Kilometern zu einem kleinen Rosskastanienhain. Linker Hand erinnert die alte Holzhütte auf einer eingezäunten, unbewaldeten Fläche an die **Ehemalige Forstbaumschule (1)**, die schon vor Jahrzehnten aufgegeben wurde. Unmittelbar nach dem Kastanienwäldchen beginnt die **Allee der seltenen Baumarten (2)**. Sie wurde am 25. April 1990 vom Verein der Freunde des Forstenrieder Parks e.V. zum 25jährigen Vereinsjubiläum gepflanzt. Mittlerweile wachsen hier Stieleiche, Hainbuche, Winterlinde, Vogelbeere, Bergahorn, Schneebirke, Rotbuche, Robinie, Roteiche Rosskastanie, Mehlbeere, Bergulme, Wildkirsche, Esche, Flatterulme, Schwarznuss, Feldahorn, Wildapfel, Spitzahorn, Wildbirne, Silberpappel, Birke, Espe und Tulpenbaum.

Die Eichenallee am Carolinen-Geräumt nahe der Diensthütte.

Auf der Teerstraße geht es weiter durch einen großen Jungwald. Hier steht bis zum Spätwinter 1990 noch alter Fichtenwald, der den Orkanen Vivian und Wiebke zum Opfer fällt. Entlang einer der schönsten Alleen Bayerns, der **Eichenallee am Carolinen-Geräumt (3),** führt die Straße zu der 1842 errichteten **Diensthütte (4).** Einen guten Kilometer östlich von hier befindet sich von 1734 bis 1746 ein hölzernes Jagdschloss, das Gelbe Haus.

In unmittelbarer Nähe der Diensthütte laden Sitzbänke und ein Brunnen zur Rast. Über die „Wittelsbacher Jagd im Forstenrieder Park" informieren die Informationstafeln im Holzpavillon. Nur ein paar Schritte südwestlich der Diensthütte steht an den Brüdereichen der **Gedenkstein für die Forstmeistersöhne (5)** für die im Ersten Weltkrieg gefallenen Söhne des damaligen Forstenrieder Oberforstmeisters Friedrich Goebel.

Oberforstmeister Friedrich Goebel (1855-1932) mit seinen Söhnen Hermann und Erich.

An der Kreuzung dem nach Süden führenden Karolinen-Geräumt folgend hat man nach einem halben Kilometer die **Große Wildäsungsfläche (6)** erreicht, die 2004 zur Umsetzung des Wildparkkonzeptes angelegt wird.

Gedenkstein für die gefallenen Forstmeistersöhne an den Brüdereichen.

Kurz vor dem Ende der Äsungsfläche steht links am Wegesrand ein kleines Marterl. Die sogenannte **Grüne Marter (7)** ist erstmals 1701 urkundlich erwähnt und wird ursprünglich wohl für einen von einem Wilderer erschossenen Jäger errichtet. Im Jahre 1772 stellt sie der kurfürstliche Revierförster Franz Jägerhuber zu Ehren der Mutter Gottes neu auf. Sie trägt die Verse: „Gib Jesu uns Dein Segen, daß wir wahre Buß ablegen, von den Toten auferstehn und mit dir auf ewig leben." In der Nähe steht noch bis in die 1990er Jahre der Ludwigstein zur Erinnerung an König Ludwig III. von Bayern, der hier am 7. Oktober 1918, kurz vor Ausbruch der Revolution, seinen letzten Hirsch im Forstenrieder Park erlegt.

Der **Rückweg zur Diensthütte** geht durch das **Ottertal (8)**, das zum Ende der Eiszeit durch Schmelzwasserströme entstanden ist. In dem Geländeeinschnitt kann einmal ein Bach geflossen sein. Im 17. und 18. Jahrhundert dient die Hangkante der Lappjagd. Dafür werden quer über die Talsenke Seile mit daran hängenden Tuchlappen gespannt. Das Wild flüchtet entlang der Lappen und wird hangaufwärts geleitet. Langsamer werdend kann es von den oben stehenden Jägern leichter erlegt werden. Dieser ideale Platz wird noch in der Prinzregentenzeit genutzt. Am Hang nördlich der Diensthütte befinden sich heute die **Nachbauten historischer Jagdstände und Wildparkzäune (9)**. Die Begrenzung des Wildparks erfolgt bis ins 20. Jahrhundert mit verschiedenen Arten von Zäunen.

Der Ludwigstein erinnert an den letzten Königshirsch, den König Ludwig III. von Bayern am 7. Oktober 1918 erlegt. Der Stein wird nach wiederholtem Diebstahl ab 1990 nicht mehr erneuert.

Um Wildschäden auf den Feldern gering zu halten, ist den Untertanen gestattet, Dörfer und bestellte Äcker durch Till-Werch zu sichern. Dies sind Zäune aus Hanicheln, also dünnen, oft halbierten und zugespitzten Fichtenstangen, die auf Querstangen befestigt werden. Für die Außengrenzen des Wildparks werden seit 1715 stabilere Palisadenzäune, „Pallisata", oder „aichene Säulln und starkhe Pretter", eine Kombination aus Eichensäulen mit quergenagelten Fichtenbrettern, verwendet. Der Zaunbau verschlingt so viel Material, dass sogar geeignetes Eichenholz knapp wird. Heute wird der Wildpark mit einem 1,8 Meter hohen Drahtzaun abgegrenzt, damit das Rotwild nicht entweichen kann. Saudicht, also auch für die Wildschweine geeignet wird der Zaun durch bis zu 50 Zentimeter tiefes Eingraben und natürlich ständige Kontrolle.

Wieder an der **Kreuzung bei der Diensthütte** führt das geteerte Ludwig-Geräumt nach Westen in Richtung Autobahn. Deren Rauschen ist je nach Windrichtung zu hören. Die Straße fällt in zwei scharfen Kurven über eine Geländestufe etwa 15 Höhenmeter abwärts ins nordwestliche Ottertal. Dieses für die Schotterebene schon beträchtliche Gefälle ist auf den Übergang von den jüngeren würmeiszeitlichen Schottern der Hochterrasse zu den älteren risseiszeitlichen Ablagerungen der Niederterrasse zurückzuführen. „Unten" angekommen biegt nach rechts eine Forststraße nach Norden ab.

Die Nachbauten historischer Wildparkzäune an der Hangkante im Wald nördlich der Diensthütte.

Nach weiteren 200 Metern auf dem Ludwig-Geräumt liegen links die **Nördliche Wildbeobachtungshütte und die Wildinformationstafeln (10).** Hier öffnet sich ein Blick in die parkartig gestaltete Landschaft, die zur Wildruhezone gehört und nicht betreten werden darf. Im Winter wird das Rotwild an den gut sichtbaren Futtertischen gefüttert. So bleiben auch die Schäl- und Verbissschäden in den übrigen Bereichen des Parks möglichst gering. Besonders in den Dämmerungsstunden können hier Rotwild, Damwild und Schwarzwild beobachtet werden.

Das Ludwig-Geräumt kreuzt Richtung Westen nach einem Kilometer die Autobahn München-Garmisch. Hier endet der Wildpark. Westlich der Autobahn beginnt das Revier Maxhof, das bis 1850 auch zum umzäunten Wildpark gehört.

Im Kreuzungsbereich der Römerstraße mit der alten Olympiastraße befindet sich 100 Jahre lang das Holzhackerhaus. 1850 erbaut und nach dem Zweiten Weltkrig abgerissen beschreibt es Franz Xaver Kriegelsteiner: „Im Oberraum befindet sich die Wohnung eines Forstangestellten, der Unterraum dient als Unterkunftsraum für die Forstarbeiter".

Der ersten links abbiegenden Forststraße einen Kilometer nach Süden folgend trifft der Weg auf ein Teilstück der **Römerstraße (11).** Die „Via Julia" war die Verbindung zwischen römischen Provinzstädten. „Römerstraße von Augusta vindelicorum" (Augsburg) „nach Juvavum" (Salzburg) lautet auch die Inschrift des **Römersteins (12)** an der Teerstraße nach Wangen. König Maximilian II. hat um 1850 sogenannte Römersteine an Schnittpunkten der Römerstraße mit den damaligen Landstraßen aufstellen lassen. Heute sind links und rechts der ehemaligen Römerstraße kraterartige, meist längst bewaldete Vertiefungen erkennbar. Aus diesen Materialgruben wurde vor gut 2.000 Jahren der Kies zur Befestigung der Straße entnommen. Rund um den Forstenrieder Park sind heute noch drei Römersteine erhalten: einer an der Wolfratshauser Landstraße (heute Bundesstraße 11) zwischen Buchenhain und Höllriegelskreuth, ein anderer an der Tegernseer Landstraße nördlich von Sauerlach. Der Römerstein hier an der alten Starnberger Landstraße liegt nach dem dem Ausbau der Olympiastraße ab 1969 auf dem Mittelstreifen der neuen Autobahn. 1979 wird er an den heutigen Standort nach Westen versetzt.

Die Römerstraße führt nach Westen durch den **Eichelgarten (13)** bis zum geteerten Max-Joseph-Geräumt. Richtung Norden geht es nach München zum Maxhof. Ungefähr 100 Meter nach Querung der Hochspannungsleitung und der Neurieder Straße führt rechts eine Forststraße durch abwechslungsreiche Wälder zu den Königseichen oder **Ludwigseichen (14)**. Hier pflanzte der Parkmeister Karl Heller 1858 eine Eichengruppe zur Erinnerung an seine beiden höchsten Dienstherren, die Könige Ludwig I. und Max II. „Seit 1821 im kgl. Forst- und Jagddienst (...) verwendet, wurde Karl Heller 1823 zum Leibjäger bei Sr. Majestät dem König allergnädigst ernannt, während dieser Zeit aber hauptsächlich in der kgl. Hofjagdintendanz-Kanzlei verwendet." Franz Xaver Kriegelsteiner berichtet weiter, dass er „am 11.III. 1868 beim Gilgenwirt in der Sendlinger Gasse in München tödlich vom Schlage getroffen wurde". 1834 wird Heller

Römerstein an der Olympiastraße.

zum königlichen Revierförster und Parkmeister in Grünwald und 1843 in Forstenried ernannt, „fünfundzwanzig Jahre waltete er daselbst äußerst verdienstvoll bis zu seinem Tode seines Amtes". Dazu gehören auch heute noch die Königseichen. Die Anfangsbuchstaben der Königsnamen Ludwig und Maximilian, also L und M, sind das Pflanzmuster im Wald. Die mächtigen Eichen stehen zum Großteil noch heute, besonders gut erkennt man das Muster allerdings nur auf dem Luftbild.

DER FORSTENRIEDER PARK UND DIE GESELLSCHAFT

An der Kreuzung zum Link-Geräumt befindet sich eine der seltenen Wasserflächen des Parks. **Die Achterlache (15)** wird im 19. Jahrhundert als künstliche Tränke und Suhle für das Wild angelegt, gleichzeitig wird hier auch gefüttert. So entsteht die Bezeichnung Sauschütt. Im Umkreis Münchens gibt es heute noch die Hohenlindner Sauschütt und die Grünwalder Sauschütt beim heutigen Walderlebniszentrum Grünwald. Eigentlich ist die Achterlache eine Lache, also eine kleine Ansammlung von Wasser, ein kleines Stillgewässer im Waldort Achter. Weil das Regenwasser in den Kiesschichten der Schotterebene rasch versickert, bekommt die Achterlache ihr künstliches Nass über hundert Jahre lang aus einer Leitung von Großhesselohe nach Neuried – bei einem Wasserverlust von zuletzt 90 %. Im Frühjahr 2010 wird die Lache an die Wasserversorgung München-Maxhof angeschlossen. Nun sprudelt der Brunnen wieder und die Achterlache füllt sich. Die Neubelebung des Gewässers zieht aber nicht nur Amphibien sondern natürlich auch Besucher an. Es zeichnet sich bereits im ersten Jahr ein Nutzungskonflikt zwischen Parkbesuchern, den mitgeführten Hunden sowie den natürlichen Wasserbewohnern ab. Denn mittlerweile tummeln sich hier wieder Erdkröten, Kreuz- und Wechselkröten, sogar Bergmolche. Diese Amphibien haben in einem „Wasserspielplatz" natürlich nicht die besten Lebensbedingungen. Daher sollen sie in ein nahe gelegenes neues Biotop umziehen können. 2012 wird ein 350 Quadratmeter großer asymetrischer Weiher mit gebuchteten Ufern angelegt. Der Boden ist mit einer Tonschicht abgedichtet, damit sich auch Wasserpflanzen gut entwickeln können. Und nicht nur die Kröten werden dankbar sein.

Am Ende der Radltour durch den Forstenrieder Park kann man auf verschiedenen Wegen in wenigen Minuten zurück nach München radeln. Über das Link-Geräumt in Richtung Autobahn geht es zum Ausgangspunkt in Unterdill zurück. Die Maxhofstraße führt in Verlängerung des Max-Joseph-Geräumts zur U-Bahnstation Fürstenried-West. Oder man überquert das Link-Geräumt und radelt auf dem bisherigen Weg über die große Erholungswiese zurück nach München-Maxhof. (D.S.)

Weitere Stationen siehe Seite 104.

Die Königseichen sind in dieser Luftbildaufnahme um 1937 noch sehr gut zu erkennen.

Hubertus und Diana – Die Schießstätte in Unterdill

Der „Verein Hubertus für Jagd- und Sportschützen" wird 1924 von Forstleuten und Münchner Jägern und Schützen zur Förderung des jaglichen Schießwesens gegründet. Mit dem Bayerischen Forstamt München Forstenried wird ein Pachtvertrag zur Errichtung einer Schießanlage geschlossen. Für knapp vier Hektar werden 100 Reichsmark jährlicher Pachtzins vereinbart, dazu die Fahrberechtigungen und das Sonderecht des Forstpersonals zum Einschießen eigener Waffen festgelegt.

1925 errichtet der Verein eine Schießhalle und ein Schützenheim. „Auf einem über 13 Tagewerk großen, herrlichen Waldplatz in Forstenried-Unterdill bei München ist die hier abgebildete Schießstätte errichtet und im Juli 1925 in Betrieb genommen worden". Der Bericht der Deutschen Bauzeitung vom 16. November 1929 gilt dem Architekten Paul Tafel in München. „Die Ansprüche, die an eine moderne Schießanlage gestellt werden, sind nicht gewöhnlicher Art, es kommen hier tatsächlich recht schwierige Aufgaben zur Lösung, die im vorliegenden Fall dem Architekten wohl geglückt sind". Zu den „Spezialerfordernissen" zählt auch „das Schießen auf das verschwindende Reh: ...da heißt's fest und sicher hinhalten, um auf 100 m einen guten Treffer anzubringen". Insgesamt erfreue sich die Anlage „bei den Jägern besonderer Beliebtheit. Bei unfreundlichem Wetter bietet die gut ausgestattete, ganz getäfelte Schießhalle einen behaglichen Aufenthalt. Noch intimer ist das Kneipzimmer eingerichtet". In dessen Erker sind auch heut noch die Fensterbilder Paul Neus eingefügt. „Der Zielmeister hat im Dachgeschoß eine Dienstwohnung von drei Stuben und Küche erhalten". Die Deutsche Bauzeitung beschreibt bereits für 1927 „die Ausführung einer allgemeinen Gaststätte", „weil der Besuch von Nichtmitgliedern im Sommer stark zunahm". Für beide Nutzergruppen wurden „Schänke, Küche und Wurstausgabe so praktisch angeordnet, daß (...) nicht nur der Innenbetrieb (...), sondern auch der starke Gartenbetrieb bequem zu bedienen ist". Der Gartenbetrieb führt in den nächsten Jahren bei der Vertragsneugestaltung beziehungsweise Pachtpreisanpassung immer wieder eine Rolle. Von Problemen ist 1929 noch nicht die Rede: „Durch die geschickte Anordnung... ist ein reizvolles Bild entstanden, das sich bei der schlichten sachlichen Architektur harmonisch in die schöne Waldgegend einfügt".

Bau, Nutzung und Betrieb der Schießstätte werden 1929 in einem umfang- und variantenreichen Erbbauvertrag zusammengefasst. Zwischen dem Verein Hubertus und der Forstverwaltung trüben in den folgenden Jahrzehnten höchstens die Pachtverhandlungen die Beziehungen. Im ersten Vertrag ist die Pachthöhe mit 8 Goldpfennige je Quadratmeter an den Goldpreis gebunden. Die Indizierung wird zu Gunsten eines normalen Pachtvertrages aufgegeben. So muss die Höhe der Pacht immer wieder neu verhandelt werden muss. 1939 wird das Verhältnis auf weitere 25 Jahre fixiert. Dazu kommt die „Neuerrichtung von weiteren Schieß-Ständen, Geschossfängen und der für den Schieß-Betrieb erforderlichen Anlagen auf der 3,7 ha grossen Fläche". Den Verein vertritt als Vorsitzender kein geringerer als „Herr Staatsrat Th. Mantel aus München". Theodor Mantel (*12. 01. 1871 - †17. 04. 1944) ist vom 1. Januar 1920 bis zum 1. März 1934 Leiter der Ministerialforstabteilung. Diese ist dem Staatsministerium der Finanzen angegliedert. Der oberste Forstmann Bayerns, offiziell Ministerialdirektor, wird am 5. Mai 1920 zum Staatsrat ernannt. Er ist damit Stellvertreter des Finanzministers mit Sitz und Stimme im Ministerrat. Heute ist dies mit einem Staatssekretär zu vergleichen. Mantels Karriere verläuft in Königreich, Freistaat und Weimarer Republik. Er ist Mitglied der BVP, der Bayerischen Volkspartei, und wird im März 1933 kurzzeitig inhaftiert.

Ab Januar 1934 scheint er nicht mehr im Dienst zu stehen und wird auf Antrag zum 1. April 1934 in den Ruhestand versetzt.. Politisch und gesellschaftlich ist er äußerst stark vernetzt. Er initiiert und unterstützt den Aufbau des Jagdmuseums in München, bis ihm dieses Anliegen vom NSDAP Ratsherr Christian Weber genommen wird, der in Konkurrenz zu „Reichsjägermeister" (etc.) Hermann Göring ein Deutsches Jagdmuseum in Schloß Nymphenburg einrichtet. Theodor Mantel ist als Vorsitzender des Vereins Hubertus natürlich ein mächtiger Fürsprecher der Vereinsinteressen. Hierzu gehört sicher die von ihm ausgehandelte und am 10. Mai 1939 unterzeichnete Vertragslaufzeit von 25 Jahren, die Theodor Mantel am 30. September 1964 um 20 Jahre überlebt hat.

Es scheint aber dessen ungeachtet keine Probleme gegeben zu haben, zumal der Forstverwaltung umfangreiche Rechte an der Nutzung der Schießanlage zugesichert sind. Allerdings wächst Forstenried mit seiner Bebauung immer näher an die Schießstätte und die Neuanwohner beginnen sich über den Schießbetrieb zu beklagen. Dies führt zu mehr oder minder umfangreichen schriftlichen Auseinandersetzungen und Änderungen der Schießzeiten. Protesten in der Gegenwart bemühen sich die beteiligten Parteien mit einem Umbau der Schießanlage, damit einer Sanierung der Anlage, technischen Anpassungen und verbessertem Lärmschutz zu begegnen.

Die Fensterbilder greifen das Vereinslogo und jagdliche Motive nach Entwürfen Paul Neus auf. Paul Neu (1881-1940), ein bayerischer Künstler, arbeitet als Grafiker und Gestalter zahlreicher zum Teil hoch aufgelegter Bücher, Postkarten, Marken und Plakate, dazu (Gebrauchs-)Keramik und Bleiglasfenster. Zu seinen Arbeiten mit dem Schwerpunkt in Bayern zählt auch das Jubiläumsoktoberfest 1910. Jahrzehnte lang ist er Mitarbeiter der Zeitschrift „Die Jugend". Josef Kreuzer hat die Vorlagen Neus mit farbigem Glas in Blei gefasst. Die „Josef Kreuzer Glaserei München" besteht noch heute in München-Laim.

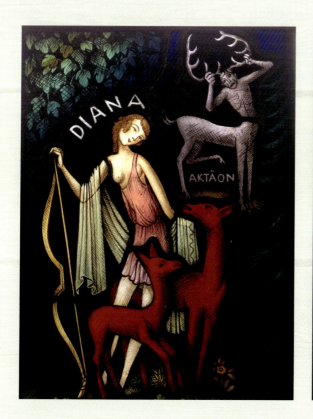

Forst Kasten – Jahrhunderte alter Stiftungswald für die Altenpflege

Das Heilig Geist Spital zu München wird zu Beginn des 13. Jahrhunderts von Herzog Ludwig dem Kehlheimer gestiftet. Im Tal, zwischen Marienplatz und Isartor, soll es Hilfsbedürftige aufnehmen und versorgen. Die selbständige Bruderschaft vom Heiligen Geist führt dieses Spital. Pfründner können sich einen Platz erkaufen und sorgen damit auch für regelmäßige Einnahmen.

Zur „Versorgung mit landwirtschaftlichen Produkten" kauft die Spitalsverwaltung 1301 die Schwaige Großhesselohe für 55 Pfund Pfennige. Der Waldbesitz konzentriert sich im Westen Münchens, nachdem 1308 das Gut zu Chastel "mit wismat mit waide mit holze und allem daz der zu gehört" für 110 Pfund Pfennige von Heinrich von Smiechen, einem Ministerial der Grafen von Andechs, erworben werden kann. Die Stiftsverwaltung legt damit den Grund für den heute städtisch verwalteten Forst Kasten. Um 1500 besitzt das Spital 104 Höfe rund um München. Der Grundbesitz bildet die Lebens- und Versorgungsgrundlage.

Schon 1392 wird die gotische Heiliggeistkirche nach zehnjähriger Bauzeit geweiht. Die Stiftung selbst entwickelt sich prächtig: Die Münchner fördern den Ausbau durch finanzielle Zuwendungen, den dauerhaften Unterhalt durch Schenkungen von Grundbesitz. Für den täglichen Betrieb entstehen Brauerei, Mühlen, Pfisterei, Schmiede, Brot- und Fleischbänke, selbst Tuchhändlerläden sowie Wirtschaftsgebäude. Einem eigenen Stadtteil ähnelnd wird der gesamte Bereich des heutigen Viktualienmarktes bebaut. Der Markt kann erst 1818 hierhin verlegt werden, nachdem die ehemaligen Stiftungsgebäude abgebrochen sind. 1917 wird am Dom-Pedro-Platz das neue Anstaltsgebäude bezogen, es gilt als Musteranstalt der Altenfürsorge. Und es besteht heute noch.

Und der Forst Kasten? Bis 1800 kann der Hl. Geist Wald, Spitalwald, Hl. Geist Kastenwald oder Kastenwald genannte Besitz durch Zukäufe auf seine heutige Größe von 800 Hektar erweitert werden. Er gehört bis 1848 zur königlichen Hofjagd. Besondere Bedeutung bekommt der Forst Kasten nach dem Ersten Weltkrieg, weil die Inflation das Kapitalvermögen der Stiftung aufzehrt: 98 Prozent der Gesamteinnahmen werden 1922 aus Forsterträgen aufgebracht. Und auch zur bis 2010 fertig gestellten Umgestaltung und Sanierung des Altenheims Heiliggeist hat der Wald seinen nachhaltigen Beitrag geleistet.

Der Forst Kasten und die Gaststätte werden bereits vor dem Ersten Weltkrieg zur Naherholung geschätzt und auf Ansichtskarten dargestellt.

Die Gründung der „Gaststätte Forst Kasten" ist 1899, als der damalige Förster Brotzeiten an die Wanderer abgibt und dann das Bewirtungsrecht erhält. Des Försters Gute Stube ist die Gaststube. 1936 wird das Haus umgebaut, 1983 modernisiert und saniert, bis es am Heiligen Abend 1998 kurz vor dem 100-jährigen Jubiläum abbrennt. Das Feuer und die Löscharbeiten richten gewaltige Schäden an, die große Instandsetzung führt zu heutigem Erscheinungsbild und Ausstattung. Das Forsthaus Kasten gehört immer noch zur Heiliggeistspital-Stiftung, die auch mit den Erlösen der Wirtshausverpachtung das Altenheim Heiliggeist am Dom-Pedro-Platz in München betreibt.. (jav)

Forsthaus Kasten im Frühjahr 2012.

Sehenswertes und Besonderheiten im Park (Fortsetzung)

Südliche Wildbeobachtungshütte (16)
Am Rande der südlichen Wildruhezone befindet sich eine weitere Wildbeobachtungshütte. Dieser Teil des Wildparks liegt auf den geologisch älteren und welliger ausgeformten Schottern der Rißeiszeit. In Richtung Schorn hat der Wald einen hohen Anteil an Laubbäumen, besonders der Buche. (D.S.)

Die vorzeitlichen Hügelgräber
In der Nähe des Beobachtungsstandes, entlang des Amalien-Geräumtes, befinden sich noch einige Hügelgräber, sichtbar als kleine, oft nur ein bis zwei Meter hohe Erhebungen im Wald. Der Wald hat für die Archäologie hier eine wichtige konservierende Funktion: Auf landwirtschaftlich genutzten Flächen werden Hügelgräber oft überpflügt und schließlich eingeebnet, innerhalb des Waldes bleiben sie dagegen oft erhalten und zeugen hier von der Besiedelung des Würm- und Isartales in der Bronze- und Hallstattzeit. Im Forstenrieder Park sind etwa 75 vorgeschichtliche Grabhügel als archäologische Geländedenkmale erfasst. (D.S.)

Eichelspitz (17)
Wo das Amalien-Geräumt auf das in Richtung Oberdill abbiegende Karolinen-Geräumt trifft, liegt der aus mächtigen Altbäumen gebildete Eichelspitz. Bis nach dem 1. Weltkrieg bestehen hier aus der Hofjagdzeit eine Sauschütte und eine Hirschfütterung. Die damals locker mit Eichen bestockte Fläche wird um 1920 mit Fichten aufgeforstet. In den 1980er Jahren stellt der Förster von Baierbrunn die Alteichen wieder frei. Dazu werden die bedrängenden Fichten entnommen, so dass sich heute wieder dieser besondere Eichenbestand zeigt. (A.M.)

Forsthaus Oberdill (18)
Das heute von der Autobahnpolizei genutzte Gebäude wird nach 1800 als Haus des Oberdillwärters am südlichen Parkausgang, dem Oberdill, erbaut. Das Forsthaus, günstig gelegen an der damaligen Landstraße nach Starnberg, ist Jahrzehnte lang auch Gastwirtschaft. „Mit dem Försterhaus Oberdill ist ein von der jeweiligen Frau des Oberforstverwalters geführter Wirtschaftsbetrieb verbunden. Ein sehr schöner Garten bietet in der warmen Jahreszeit gar angenehmen Aufenthalt. Vom Gartenzaun aus kann man fast immer einige Wildschweine sehen, die sich von den Besuchern der Wirtschaft gerne füttern lassen", schwärmt Franz Xaver Kriegelsteiner 1937. Die Konzession für den Wirtshausbetrieb hat eine bewegte Geschichte. Der erste Antragsteller und Bewohner Oberdills, „Alois Dribl, Jägerjung als Revierjäger und Forstjung und parque Tüllhüter" erhält sie 1807 nicht wegen der

Beschwerde der konkurrierenden Wirte Markus Obermeier in Forstenried, Xaver Glas in Starnberg und der Wirtswitwe Marie Sedlmayer in Wangen. Und das Landgericht Starnberg begründet, dass „eine Bierschenke den Wildschützen eine herrliche Gelegenheit (öffnet), wo ein Teil sich beim Thüllhüter mit Trinken und der andere mit Wildschießen im Park sich aufhalten könne". Auch könne „der Ausschank von Bier und Schnaps, wie jetzt schon bekannt, den Forstgeholfen und Jägerjungen sehr nachtielig werden, indem daß dann selbe lieber mit Spiel und Trunk in gedachtem Häusl sich unterhielten, als in ihren Revieren mit ihrer Beschäftigung sich aufhielten."

Ein Wirtsbetrieb findet etwa ab den 1820er Jahren statt. Der auf Oberdill sitzende Förster ist dann auch Gastwirt, immer unterstützt von seiner Frau. Noch bis zum Autobahnbau München–Garmisch wird im Forsthaus eine Gaststätte betrieben. Familie Wiest stellt die letzten Wirtsleute, die Gaststättentradition in Oberdill endet am 30. November 1966. (D.S.)

Preysingsäule (19)
Etwas versteckt steht nahe der Grenze des Parks zum Forst Kasten und unweit der Straße Neuried–Gauting die Preysingsäule.

Detail der Preysingsäule.

Sie ist in der Denkmalliste der Gemeinde Neuried eingetragen als Steinobelisk auf schlankem Sockel mit figürlichen Darstellungen und Inschriften, 1735; im Forst Kasten. Das Denkmal ist ein ungefähr vier Meter hoher Obelisk aus Adneter Rotmarmor, der untere quadratische Teil besteht aus grauem Untersberger Marmor. Der Sockel besteht aus Nagelfluh. Kurfürst Karl Albrecht, der spätere Kaiser Karl VII., ließ die Säule 1735 zu Ehren der Mutter Gottes für Graf Max Emanuel von Preysing, seinen ersten Großkanzler, errichten. Das Denkmal erinnert an einen Jagdunfall: Preysing stürzte am 29. Oktober 1735 während einer Parforcejagd vom Pferd und blieb bewusstlos liegen. Der Stein zeigt auf der Vorderseite die Mutter Gottes mit dem Jesukind von Altötting, darunter den gestürzten Reiter und ein auf dem Rücken liegendes Pferd. Unter den Bildern steht der Wahlspruch: „Stehen in Gottes Gnad, Macht stehen allzeit grad." Auf der linken Seite ist unter dem Wappen der Grafen von Preysing eine kurze Beschreibung des Unfalls eingearbeitet. Und zwar in deutsch, gegenüber hingegen in Latein. 1980 wurde die Preysingsäule von Silvano Bertolin restauriert, 2008 wieder saniert. (D.S.)

Keltenschanze bei Buchendorf (20)

In der sogenannten Biber, am nordöstlichen Rand Buchendorfs, befindet sich eine der am besten erhaltenen Viereckschanzen Süddeutschlands. Die „Keltenschanze" stammt aus dem 2. Jahrhundert vor Christus, ist mit 110 bis 120 Meter Seitenlänge fast quadratisch und umgeben von Erdwällen mit ca. 2,6 Meter Höhe. Sinn und Bedeutung der Schanzen sind lange umstritten. Zuerst wird eine römische Verteidigungsanlage vermutet, Hinweise auf Tempel- und Tieropferanlagen weisen auf eine Kultstätte hin. In der Nordostecke kann schließlich ein hölzernes Tempelgebäude nachgewiesen werden. Die 1945 hier in Stellung gebrachten Scheinwerfer der örtlichen Flugabwehr führen zu noch heute sichtbaren Substanzverlusten am ursprünglichen Schanzenbau. (D.S.)

Forsthaus Kasten (21)

Text siehe Seite 102f.

Trimm-Dich-Pfad Neuried (22)

Am Ortsrand von Neuried liegt eine inzwischen auch schon fast als historisch zu bezeichnende Erholungseinrichtung. Mit den Olympischen Spielen 1972 in München kommt auch die Trimm-Dich–Bewegung nach Deutschland. Es entstehen hunderte von Trimm-Dich-Pfaden, meist im Wald. Die meisten geraten nach anfänglicher Nutzung in Vergessenheit und werden mangels Interesse wieder abgebaut. Der Neurieder Trimm-Dich-Pfad wird wegen seiner abwechslungsreichen Streckenführung und der guten Pflege durch den Forstbetrieb München weiterhin ausgiebig genutzt. (D.S.)

Erlebnispfad (23)

In Zusammenarbeit von Forstbetrieb, Forstverwaltung und einem Unternehmen wurde 2010 ein Erlebnispfad eröffnet. Auf dem Trail, der in den nächsten Jahren weiter ausgebaut wird, können Besucher an interaktiven Stationen den Wald erleben. Auf spielerische Art lernt man mehr über Boden, Wasser, Holz, Tiere des Waldes, Klimawandel sowie den nachhaltigen Waldumbau. Vor allem Kinder und Familien besuchen den Erlebnispfad mit großer Begeisterung. (D.S.)

Hexenhäusl (24)

An der Kreuzung des Ludwig- mit dem Elisen-Geräumt steht das Hexenhäusl. Die Hütte diente Forstleuten und Waldarbeitern als Unterkunft. Das aus Holzbalken in Blockbauweise errichtete Gebäude umfasst etwa drei mal vier Meter und hat an der Nordseite einen gemauerten Kamin. An der Ostseite befindet sich die Eingangstüre. Die Nord- und Südseite haben je ein kleines Fenster. Bereits in einem Plan von 1861 ist diese Unterkunftshütte mit dem Vermerk Hexenhäusl eingezeichnet. (A.H.)

Wasserhochzonen-Behälter (25)

Text siehe Seite 125.

Hubrich-Marterl (auf der Karte nicht verzeichnet).

Der königliche Forstwart von Hohenschäftlarn, Kaspar Hubrich, geboren am 12. Mai 1808 in St. Veit/Ellingen, wird am 3. Juni 1854 bei einem Reviergang südlich von Baierbrunn erschlagen und den Isarhang hinabgestürzt. Die Flurkarte von 1867 zeigt die Stelle, an der sich das zum Gedenken an den Ermordeten errichtete Marterl südlich Baierbrunns an der Isarhangkante befindet. Das Marterl wird bereits eine Generation später im Atelier des Architekten Gabriel von Seidl neu gefasst und am 24. März 1914 erneut gesetzt. Nach dem Zweiten Weltkrieg gilt es als verschollen. 1966 finden Nachkommen der Familie das verschwunden geglaubte Marterl stark beschädigt am Isarhang. Nach der Restaurierung wird es wieder aufgestellt und vom Baierbrunner Pfarrer Willy Heller am 7. Juni 1975 geweiht.

Das Arbeitsdienstlager im Forstenrieder Park

„In jüngster Zeit ist wieder ein neue Gebäude im Park entstanden und zwar im nicht eingefriedeten westlichen Teile des Parkes ... Es wurde nämlich im Park am 11. August 1932 das erste nationalsozialistische Arbeitsdienstlager im Gau Oberbayern errichtet", berichtet der Forstenrieder Heimatforscher Franz Xaver Kriegelsteiner 1940 und es wird nur zu deutlich, dass er dies für eine gute Einrichtung hält. Mit dieser Meinung ist er nicht allein, denn kirchliche, soziale, parteiliche und administrative Organisationen haben dem zu Grunde liegenden Gesetz zehn Jahre vorher zugestimmt: Der Freiwillige Arbeitsdienst (FAD) wird in Deutschland 1931 zur Bekämpfung der äußerst hohen Arbeitslosigkeit gegründet. Basis ist mit der Notverordnung vom 5. Juni 1931 das Gesetz für Arbeitsvermittlung und Arbeitslosenversicherung. Artikel 1 der zugehörigen Ausführungsverordnung vom 3. August 1931 bestimmt, dass er nur für gemeinnützige zusätzliche Arbeiten eingesetzt werden dürfe. So soll Konkurrenz zum ohnehin auf dem Boden liegenden Arbeitsmarkt vermieden werden. Groß angelegte Programme beschäftigen arbeitslose Jugendliche und Erwachsene. Diese sind damit zum einen beschäftigt und „von der Straß weg", zum andern im gesellschaftlichen Interesse tätig sowie politisch gemischt eingesetzt. Im Zuge der Gleichschaltung aller Organisationen nach der Machtergreifung geht der ursprüngliche Gemeinnutzen der Einsätze verloren.

Der 1935 gegründete Reichsarbeitsdienst (RAD) hat auch in damaliger Sicht paramilitärische Strukturen, der Nutzen besteht zunehmend in einer vormilitärischen (Zwangs-)Ausbildung. Die politische Ausrichtung ist im Forstenrieder Park von Anfang an festgelegt. Die Gründer gaben dem Hermann-Gmelin-Arbeitsdienstlager bei seiner Erweiterung 1936 dann auch den Namen eines ihrer frühen Parteigenossen mit auf den Weg ins geplante „Tausendjährige Reich". Bis dahin werden in erster Linie Straßenbauarbeiten durchgeführt, etwa am Elisen-Geräumt und am Max-Geräumt. Das zuständige Forstamt München Forstenried schließt 1937 einen erweiternden Pachtvertrag zur unentgeltlichen Überlassung von 36.000 Quadratmeter an den RAD. Dies sind „holzleere oder mangelhaft bestockte Flächen", auf denen Baracken zu Unterkunft und Versorgung der Lagerbewohner sowie Ablauf des Lageralltags errichtet werden. Zumindest Kriegelsteiner scheint mit den Straßenarbeiten sehr einverstanden, die im Gegensatz zur römischen „militärischen Durchdringung der eroberten Gebiete" nach seiner Meinung „zur Erleichterung der Holzabfuhr, der Arbeitsbeschaffung und damit der Hebung und Förderung der Waldwirtschaft, also ungleich friedlicheren Zwecken, nämlich der erzieherischen Arbeit zur Volksgemeinschaft" dienen. Es ist aus heutiger Sicht natürlich nicht zu klären, mit welcher Motivation oder Notwenigkeit der damals im 80. Lebensjahr stehende Kriegelsteiner nach Ausbruch des Zweiten Weltkrieges von friedlicheren Zwecken sprechen kann. Verständlich ist hingegen sicherlich, dass der Verein der Freunde des Forstenrieder Parks e.V. aus der geplanten Wiederauflage des „Kriegelsteiner" letztlich eine Neuauflage machte: das Kapitel „Hermann-Gmelin-Arbeitsdienstlager" wird dabei gestrichen und verschwindet wie die Baracken bis auf Reste der Grundmauern in der langen Geschichte des Forstenrieder Parks – dies aber nicht ohne hier einen kritischen Hinweis erhalten zu haben.

DER FORSTENRIEDER PARK UND DIE GESELLSCHAFT

Der Eichelgarten – Von der umstrittenen Forstwiese zum europäischen Schutzgebiet

Der Eichelgarten inmitten des Forstenrieder Parks ist das kulturhistorische Relikt einer jahrhundertealten landwirtschaftlich geprägten Bodennutzung. Er ist Ausdruck der Siedlungsgeschichte für die Münchener Schotterebene.

Ursprünglich befindet sich auch hier ein Wald hauptsächlich aus Eiche, Linde und etwas Buche. Dieser ist das unmittelbare Spiegelbild der potentiellen natürlichen Vegetation, also der Vegetation, die sich ohne Einfluss des Menschen unter natürlichen Bedingungen seit der letzten Eiszeit gebildet hat. Die Waldflächen bleiben relativ ursprünglich, weil sie wegen des Wassermangels kaum besiedelt werden. Nur der unmittelbar den Siedlungen angrenzende Wald wird durch Rodung beseitigt oder durch andere Nutzung verändert. Und obgleich der Holzbedarf des heranwachsenden Münchens ab dem 13. Jahrhundert ständig zunimmt, ist davon im Forstenrieder Park lange wenig spürbar, denn die Stadt wird größtenteils über die Isarlände mit Nutz- und Brennholz versorgt. Deutliche Veränderungen bringen ab dem 17. Jahrhundert das starke Anwachsen der Bevölkerung und deren Lebensmittelversorgung. Nun dient der Wald auch als landwirtschaftliche (Ersatz-)Fläche, und stetig steigt die Beweidung der Wälder mit Vieh. Für geeignete Flächen wird der Wald ausgedünnt und damit der Graswuchs aktiv gefördert. Masttragende Laubhölzer wie Eiche und Buche werden weiter frei gestellt, um die Nahrungsgrundlage für die Hausschweine zu erweitern. Dies geschieht planlos und ungeregelt. Es entstehen ausgedehnte Hutungsflächen.

Die damals für die Waldweide übliche Bezeichnung „Blumbesuch" verharmlost und konterkariert das tatsächliche Ausmaß der damaligen großflächigen Waldverwüstung. Anschaulicher ist der Begriff der Forstwiese: eine Wiese, kein Wald. Durch radikale und rücksichtslose Übernutzung der Wälder entstehen devastierte Flächen, die später nur mit größtem Aufwand wieder bestockt werden können.

Die Aufforstungsbemühungen des 19. Jahrhunderts sind lange erfolglos. Der erste Versuch mit verschiedenen Laubholzarten scheitert zu Beginn des Jahrhunderts. Erfolgreich sind dagegen die Neukulturen mit den anspruchsloseren und widerstandsfähigeren Baumarten Fichte und Kiefer. Gleichwohl bleiben –

Die Römerstraße Via Julia im Bereich des Eichelgartens.

auch aus jagdlichen Gründen – einzelne Forstwiesen erhalten. Die größte dieser Flächen ist und bleibt der Eichelgarten. Als Relikt aus der Forstwiesenzeit vermittelt er heute einen parkartigen Charakter.

Der Eichelgarten ist aber nicht nur ein historisches Dokument für eine längst vergangene Bodennutzungsform. Heute ist er vor allem ein Naturschutzobjekt erster Güte. Die Wiesenflächen sind überwiegend naturnahe Kalktrockenrasen von großem botanischem und entomologischem Wert. Spezielle Mahdzyklen, die frühere Beweidungsrhythmen nachahmen, bewahren und fördern wertvolle Vegetationseinheiten und liefern gleichsam als Koppelprodukt vielfältige und farbenprächtige Blumenwiesen vom Frühsommer bis in den Herbst.

Die freistehenden Huteeichen aller Lebens- und Zerfallsstadien sichern einen stabilen Lebensraum für Pilze und Insekten. Für den Eremit, einen Käfer, und den veilchenblauen Wurzelschnellkäfer stellen sie eines der

DER FORSTENRIEDER PARK UND DIE GESELLSCHAFT

letzten Rückzugsgebiete in Bayern und Europa dar. Ausdruck des hohen Biotopwerts des Eichelgartens ist seine Aufnahme in das Netz der „Natura 2000"-Gebiete. Der Eichelgarten ist ein Flora-Fauna-Habitat-Gebiet. Er genießt besonderen Schutz.

Der Eichelgarten ist wie der ihn umgebende Forstenrieder Park Staatswald. Der Forstbetrieb München der Bayerischen Staatsforsten hat für ihn eine besondere Verantwortung übernommen. Die Magerrasenpflege erfolgt seit 2009 nach einem Managementplan mit einem spezifischen Konzept, das durch eine zyklische und räumlich differenzierte Mahd den faunistischen wie botanischen Zielen gleichermaßen gerecht wird. Es ist aber ebenso dafür zu sorgen, dass auch in Zukunft ausreichend Alteichen vorhanden sind, damit genügend Totholz und Mulmhöhlen als Lebensraum für seltene Tierarten zur Verfügung stehen.

Um diese umfangreichen Naturschutzaufgaben auch künftig gewährleisten zu können, ist eine Mindestfläche sinnvoll. Deshalb wird über die bisherige Größe hinaus der Eichelgarten seit 2010 um eine Teilfläche nördlich der Via Julia erweitert. Hier stehen noch einige Alteichen im Fichtenwald, die behutsam frei gestellt werden. Mit dem Erhalt dieser immer noch großkronigen Eichen und durch die Mahd der Zwischenflächen wird der Lebensraum schützenswerter Arten deutlich erweitert.

Der Eichelgarten ist zu Recht auch ein beliebtes Ausflugsziel und Erholungsgebiet. Nicht nur Naturschützer erfreut das rund 18 Hektar große Gebiet, auch die weniger ökologisch orientierten Spaziergänger und Radfahrer schätzen die Ruheplätze unter beschattenden alten Eichen.

Eichelgarten im Winter.

So haben sich Form und Art der Wertschöpfung des Eichelgartens für die Gesellschaft über die Jahrhunderte hinweg völlig geändert. Früher als Forstwiese Teil der existentiellen Grundlage der lokalen Bevölkerung ist er heute von wesentlicher Bedeutung für die Lebensqualität der Bewohner Münchens. (W.S.)

Fliegende Edelsteine im Eichelgarten

In den Wiesen des Eichelgartens wachsen als besondere Pflanzen die Arnika, der Große Wiesenknopf und die Ästige sowie die Traubige Graslilie. Die Larven der in Bayern äußerst seltenen Juchtenkäfer (Osmoderma ermita) leben im Mulm der Alteichen. Aber auch Laubholz-Säbelschrecken (Barbitistes serricauda), deren Fühler das zwei bis dreifache der Körperlänge erreichen, sind zu entdecken.

Der Eichelgarten zieht viele zum Teil seltene Schmetterlinge an: Großer Kohlweißling (Pieris brassicae), Kleiner Kohlweißling (Pieris rapae), Zitronenfalter (Gonepteryx rhamni), Hauhechel-Bläuling (Polyommatus icarus), Kaisermantel (Argynnis paphia), Großer Perlmuttfalter (Argynnis aglaja), Braunfleckiger Perlmuttfalter (Clossiana selene), Schornsteinfeger (Aphantopus hyperantus), Großes Ochsenauge (Maniola jurtina), Kleines Wiesenvögelchen (Coenonympha pamphilus), Schachbrett (Melanargia galathea), Landkärtchen (Araschnia levana), Distelfalter (Cynthia cardui), Pfauenauge (Inachis io), Kleiner Fuchs (Aglais urticae), Rostfarbener Dickkopffalter (Ochlodes venata), Kleiner Schillerfalter (Apatura ilia), Großer Schillerfalter. (Apatura iris).

Viele dieser geschützten Schmetterlinge haben im Eichelgarten ihre Heimat gefunden. Eine Veränderung oder zu starke Störung, auch durch Besucher und Naturschützer, würde die ökologischen Nischen zerstören. Hier muss zum Schutz des Eichelgartens Rücksicht genommen werden! (jav)

Der Wildpark und der Waldbau – Das Wildparkkonzept

Der Forstenrieder Park dient Jahrhunderte lang dem exklusiven Jagdvergnügen der bayerischen Herzöge, Kurfürsten und Könige sowie ihrer oft hochrangigen Gäste. Das seit 1399 uneingeschränkt ausgeübte und alleinige Jagdrecht des bayerischen Herrscherhauses im Forstenrieder Park ist mit der Novemberrevolution am 7. November 1918 beendet. Kurz zuvor, am 7. Oktober 1918 erlegt König Ludwig III. in der Abteilung Spitzelgräben seinen letzten Hirsch. Seitdem wird die Jagd im Wildpark als Verwaltungsjagd des Staates ausgeübt. Aber noch Jahrzehnte lang zeigt die Jagd im Forstenrieder Park repräsentative Züge. Der Kreis der Jägerschaft ist ausgewählt und auf zahlungskräftige oder prominente Persönlichkeiten beschränkt. Gesellschaftliche Veränderungen, die auch einen Wandel in der Forst- und Umweltpolitik Bayerns bedeuteten, führen Anfang der 1970er Jahre zu einer Neubewertung des Wildparks. Nicht ohne Einfluss ist hierbei die zunehmend naturferne Gesellschaft des nahen München, aber auch die erstarkende Naturschutzbewegung. Jagdliche und selbst wildbiologische Belange finden immer weniger Verständnis. Die Jagd wird eher als Störfaktor empfunden, akzeptiert wird sie noch im Sinne eines Wildtiermanagements, das im Dienst der Naherholung steht. Der Wildpark Forstenrieder Park umfasst heute 2.086 Hektar und ist vollständig eingezäunt.

Er ist ein Erholungsgebiet ersten Ranges. Ein umfangreiches Wegenetz durchzieht die ausgedehnten Wälder und bietet Wanderern, Radfahrern und Reitern vielfältige Freizeitmöglichkeiten. Die Besucherfrequenz ist hoch. An schönen Wochenenden halten sich bis zu 20.000 Erholungsuchende im Wildpark auf. Wildtiere sind seine besondere Attraktion. Vertraut und für die Besucher sichtbar ist das Schwarzwild. Entlang der Eichenalleen und auf den Äsungsflächen des Ludwig-Geräumts sind Keiler, Bachen und Frischlinge regelmäßig anzutreffen. Die etwa 80 Stück Rotwild und rund 50 Stück Damwild leben dagegen weitgehend heimlich.

Mit dem „Wildparkkonzept Forstenrieder Park", das im März 2002 letztlich auf Wunsch des Bayerischen Landtags durch die Technische Universität München erstellt wird, soll auch die Erlebbarkeit der heimischen Wildtierarten Rotwild und Damwild erreicht werden. Ziel ist es, besonders das Rotwild als die mit Abstand attraktivste Wildart auch bei Tageslicht in freier Wildbahn beobachten zu können.

Zentraler Punkt des Konzepts ist die Einrichtung von Wildbeobachtungsflächen. Diese großen parkartig strukturierten Wildwiesen sollen von einer Besucherkanzel eingesehen werden können. Die Gestaltung orientiert sich an englischen Parklandschaftsbildern. Allmählich soll der schroffe Trauf der Fichtenwälder von geschwungenen Waldrändern, Einzelbäumen und Gehölzgruppen mit buchtigen Wildwiesen ersetzt werden. Die zu gestaltenden Beobachtungsflächen sollen die landschaftliche Vielfalt und den Erholungswert des Forstenrieder Parks steigern. Der Schlüssel zum Erfolg des Wildparkkonzepts und für die Erlebbarkeit des Rotwildes liegt dann in der Verringerung der hohen natürlichen Scheu sowie der geringen Besuchertoleranz der Tiere. Dazu sollen die Wildwiesen und die Wildeinstände weiträumig durch Wildruhezonen mit definierten Wegegeboten beruhigt werden.

Nach all diesen Umbaumaßnahmen gilt als nächstes wichtiges Ziel des Konzepts eine Verhaltensänderung des Rotwildes: Zumindest an den Beobachtungsflächen soll ein Gewöhnungseffekt an Besucher eintreten, denn erst so wäre eine regelmäßige Sichtbar- und Erlebbarkeit gewährleistet. Hierbei stellt die Jagd selbst ein Problem dar, denn letztlich stört natürlich auch sie das Wild. Ein vollständiger Verzicht auf Jagdausübung, zweifellos die beruhigendste Maßnahme, ist aber weder wildbiologisch noch waldbaulich vertretbar. Absolute Jagdruhe soll jedoch innerhalb der beiden Wildruhezonen herschen. Außerhalb erhält die Jagd hauptsächlich eine Dienstleistungsfunktion für den Waldbau. Die Wildschäden sollen auf einem Niveau gehalten werden, das den weiteren Umbau der instabilen Fichtenbestände in strukturreiche Mischwälder ermöglicht.

Durch veränderte Jagdmethoden wie Gruppenansitze und Bewegungsjagd soll der Jagddruck deutlich minimiert werden.

Die grüne Grenze entspricht dem Zaun des Wildparks Forstenried, rot sind die nördliche und südliche Wildruhezone markiert. Gelb gefüllt sind die offenen Landschaftsbereiche, etwa die Wildwiesen. Die blauen Bereiche werden zu offenen Strukturen entwickelt, auf denen Wildwiesen und -beobachtungsflächen entstehen können.

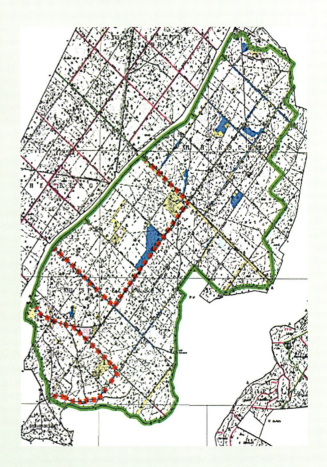

Der Forstbetrieb München widmet sich seit 2005 intensiv der Verwirklichung des Wildparkkonzepts. Das Bayerische Staatsministerium für Ernährung, Landwirtschaft und Forsten fördert die Maßnahmen finanziell. Im Winter 2004 werden beide Wildruhezonen und dann die Wildwiesen eingerichtet. Die Jagd und die Fütterungsmethode werden angepasst. Die Beobachtungspunkte werden eingerichtet und Informationstafeln aufgestellt. Bereits jetzt erfreut sich die Beobachtungsfläche am Ludwig-Geräumt bei den Waldbesuchern großer Beliebtheit. Letztlich auch beim Rotwild, denn dort ist der Gewöhnungseffekt an die beobachtenden Besucher mittlerweile so hoch, dass bei einsetzender Dämmerung mehr als 15 Rothirsche beobachtet werden können. Zur Umsetzung des Konzeptes finden laufend weitere Maßnahmen statt: Am Link-, Zyllnhard-und Augusten-Geräumt werden neue Eichenalleen gepflanzt. Am Rande der nördlichen Wildruhezone wird die gleichförmige Fichtenbestockung durch eine Parkstruktur mit Eichen ersetzt. Auf diese Weise werden historische und althergebrachte Landschaftselemente des Forstenrieder Parks neu belebt und wieder geschaffen. Sie dienen dem Wild als Nahrungsgrundlage und dem Menschen als Erholungsraum.

Nach dem gegenwärtigen Planungsstand des Forstbetriebs München soll die konzeptgemäße Umstrukturierung des Wildparks vor 2020 abgeschlossen werden. Damit entwickelt sich der Wildpark Forstenrieder Park zu einem großstadtnahen Natur- und Wildtiererlebnisraum. (W.S.)

Die Wildruhezonen und die Beobachtungspunkte zeigen erste Wirkungen. Das Wild lässt sich nach einer Gewöhnungszeit in der Dämmerung bereits beobachten.

DER FORSTENRIEDER PARK UND DIE GESELLSCHAFT

DER FORSTENRIEDER PARK UND DIE GESELLSCHAFT

Holz, Wasser, Luft und Erholung – Die vielfältigen Funktionen des Forstenrieder Parks

„Der Forstenrieder Park und der Staatsforst Unterbrunn mit den umgebenden Wäldern in den Landkreisen München und Starnberg sowie der Landeshauptstadt München wird zu Bannwald erklärt", lautet § 1 der Bannwaldverordnung vom 5. April 1993. Sie beruft sich auf das Bayerische Waldgesetz und sichert einen hohen gesetzlichen Schutz. Der Forstenrieder Park muss in seiner Fläche erhalten werden. Bei der Bewirtschaftung ist in besonderem Maße auf die Vielfalt seiner Funktionen und Leistungen Rücksicht zu nehmen. Zusätzlich liegt der Park im Landschaftsschutzgebiet. Hier sind alle Veränderungen verboten, die „den Naturgenuß beeinträchtigen oder das Landschaftsbild verunstalten".

Südlich und südwestlich vor der Landeshauptstadt München hat der Park eine wichtige Bedeutung für das Stadtklima. Denn mit dem Wind kommt gekühlte und sauerstoffreiche Waldluft in die Stadt. Der Park ist eine Grüne Lunge Münchens. Und damit nicht genug, der Wald filtert auch Luftschadstoffe und Stäube aus der Luft.

Auch für den Wasserschutz erfüllen die Bäume des Parks wichtige Funktionen, besonders für das Trinkwasser. Und sie schützen die Wohngebiete vor Lärmbelastungen, wie sie zum Beispiel von der Autobahn München–Garmisch ausgehen.

Die vielen Funktionen des Waldes werden in Waldfunktionskarten dargestellt. Die beinah unübersichtlich vielen übereinander liegenden Signaturen beweisen die hohe Multifunktionalität des Forstenrieder Parks. Forstwirtschaft und Waldbau orientieren sich an diesen Karten.

Ausschnitt der Waldfunktionskarte für den Landkreis München.

Kinder des Waldkreativkindergartens Neuried sind auch im Winter im Park unterwegs.

Natürlich ist der Forstenrieder Park ein sehr beliebtes Erholungsgebiet. Immer vielfältiger werden die Freizeit- und Sportaktivitäten, zu Wanderern und Radlern gesellen sich Jogger, Walker und Montainbiker. Und immer mehr Waldbesucher kommen aus dem wachsenden München. Um den Parkbesuchern zielgerichtete Angebote zu machen, aber auch um die Erholungsinteressen zu differenzieren und die Besucherströme zu lenken, bietet der Forstbetrieb eine Fülle von Einrichtungen an. Hierzu gehören Lehr- und Erlebnispfade, Informationstafeln, Reitwege, Parkplätze oder Sitzbänke. Bei Errichtung und Unterhalt wird er dabei finanziell vom Forstministerium unterstützt. Aber auch von den engagierten Bürgern, die sich im "Verein der Freunde des Forstenrieder Parks" zusammengeschlossen haben.

Seit Mitte der 1990er Jahre gewinnt der Wald als Bildungsort an Bedeutung. Vor allem Grundschulen legen bei der Umsetzung ihres Bildungsauftrages Wert auf persönliche Lernerfahrungen, erlebnisorientierte Wissensvertiefung und selbstentdeckendes Lernen. Auch für Kinder im Vorschulalter betont der Bayerische Bildungs- und Erziehungsplan, vor allem Handlungskompetenzen als entscheidenden Beitrag für eine zukunftsfähige Gesellschaft zu fördern. Der Wald, der ökologische, ökonomische, soziale, kulturelle und historische Aspekte gleichermaßen anbietet, ist dafür hervorragendes Modell und beliebter Lernort. Die Waldpädagogik ist daher seit 1998 gesetzlicher Bildungsauftrag der Forstbehörden. Mehr als 150.000 Kinder und Jugendliche

sind bayernweit jährlich mit ihren Lehrern zu Besuch im Wald und bei Förstern. Die Förderung der Waldpädagogik führt auch zu einer Welle privater Initiativen zur vorschulischen Bildung. Hierzu gehört im Forstenrieder Park der Waldkreativkindergarten Neuried. Bei jedem Wetter sind die drei- bis sechsjährigen Kinder spielerisch lernend in der freien Natur unterwegs.

Wälder mit ihrer großen Multifunktionalität erbringen überdurchschnittlich hohe Leistungen für das Gemeinwohl. Das Bayerische Waldgesetz schreibt für den Staatswald eine vorbildliche Waldbewirtschaftung vor. Im Forstenrieder Park werden daher forstwirtschaftliche Maßnahmen immer mit den vielfältigen zusätzlichen Funktionen abgestimmt.

Natürlich wird der Forstenrieder Park auch forstwirtschaftlich genutzt. Dies dient den Aufgaben und Funktionen des Waldes, aber auch seiner Pflege. Die nachhaltige Nutzung der lokal hohen Holzvorräte erfolgt nach betriebswirtschaftlichen Zielsetzungen durch den Forstbetrieb München. Er trägt dabei auch finanzielle und organisatorische Mehraufwendungen sowie Zusatzkosten, die zur Sicherung der besonderen Waldfunktionen entstehen. Viele Wohlfahrtsfunktionen des Forstenrieder Parks werden von der Gesellschaft gar nicht wahrgenommen. Dabei erbringt der Wald wertvolle Leistungen wie sauberes Trinkwasser, Schutz vor Lärm oder kühle, sauerstoffreiche Waldluft. Diese werden heute wie selbstverständlich erwartet und kostenlos in Anspruch genommen.

Müsste für diese Wohlfahrtsleistungen des Waldes etwas bezahlt werden, würden die Bürger den Park sicher noch mehr wertschätzen. Jedoch sind diese Leistungen in Geld schwer quantifizierbar. Was beim Holz einfach, beim Trinkwasser machbar, ist schon bei Klima- und Lärmschutzwirkungen nahezu unmöglich: Welchen Wert haben diese Funktionen? Was ist der Wald wert? Die Bedeutung und die Leistungen des Forstenrieder Parks werden meist unterschätzt und oft nur kurzfristig beurteilt. Bei Planungen, wie beispielsweise einem Autobahn-Südring, ist es häufig der Staatswald, der in Anspruch genommen werden soll. Er wird bei der Wertbeurteilung dann regelmäßig auf die Fläche und das Holz reduziert. Wären auch die Wohlfahrtsfunktionen des Waldes in vollem Umfang mit zu bewerten und entsprechend zu entschädigen, würde wohl manche Wald beanspruchende Planung kritischer betrachtet.

Trotz dieser Waldwert-Diskussion stehen in Bayern weder Waldwasser-Euro noch Waldklima-Euro zur Debatte. Doch wünschen sich Waldbesitzer, Forstleute und Naturschützer, dass die Gesellschaft und die entscheidenden Politiker mehr und mehr schätzen lernen, welch vielfältige Leistungen Wald und Forstwirtschaft erbringen. Denn was der Zisterziensermönch Bernhard von Clairvaux schon im 12. Jahrhundert feststellte, gilt nach wie vor: „Was der Mensch liebt, das schätzt er, und nur was er schätzt, das schützt er." (D.S.)

Trinkwasser aus dem Forstenrieder Park

Der Hochzonenbehälter Forstenrieder Park bei Buchenhain wirkt wie ein unterirdisches Wasserschloss.

Die Wälder des Forstenrieder Parks wurzeln auf den etwa 20 Meter dicken Kiesschichten der Münchner Schotterebene. Das Wasser versickert hier sehr rasch, daher gibt es im Park kaum natürliche Wasserflächen. Gleichzeitig wird das Regenwasser auf seinem Weg in den Untergrund aber gefiltert und gereinigt, es wird zu bestem Trinkwasser. Auf den unter dem Kies eingelagerten, tonreichen Bodenschichten, wird das Wasser gestaut und es entstehen Grundwasserspeicher. Einige der an den Park angrenzenden Gemeinden nutzen diese seit Jahrzehnten als Trinkwasserbrunnen. Pullach etwa bezieht aus zwei Tiefbrunnen im Forstenrieder Park Trinkwasser, das unbehandelt in die Hausleitungen eingespeist werden kann. Auch München fördert pro Jahr bis zu 7 Millionen Kubikmeter Trinkwasser aus drei 1961 bis 1969 angelegten Brunnenanlagen.

Zur Sicherstellung der Wasserversorgung Münchens wird im Forstenrieder Park Grundwasser gespeichert. In dem Speicher bei Buchenhain befindet sich das Wasser aus dem Mangfalltal und dem Gebiet der oberen Loisach, das in Spitzenzeiten zum Einsatz kommt oder wenn andere Quellgebiete Engpässe haben. Der unterirdische Hochzonenbehälter Forstenrieder Park ist etwa 100 mal 100 Meter groß, 23 Hektar Wald sind zu dessen Sicherung eingezäunt und bewacht. Insgesamt finden 130 Millionen Liter Trinkwasser Platz: dies entspricht etwa dem täglichen Bedarf von einer halben Millionen Menschen.

Der hohe Fichtenanteil im Park hat für die Wassergewinnung große Vorteile, denn auch im Winter wird von den Nadeln der Bäume Feuchtigkeit aus Wolken, Niederschlag und Nebel heraus gekämmt und dem Boden zugeführt. Bei der Waldbewirtschaftung wird auf die Bedeutung des Waldes für sauberes Trinkwasser besonders Rücksicht genommen. Auf Düngungen oder den Einsatz von Chemie – beispielsweise Insektizide zur Borkenkäferbekämpfung – wird natürlich völlig verzichtet. (D.S.)

Natur und Vielfalt – Die alten Eichen im Forstenrieder Park

DER FORSTENRIEDER PARK UND DIE GESELLSCHAFT

Der Forstenrieder Park ist voller Sinneseindrücke, er ist ein faszinierender Ort voller Geheimnisse und voller Leben. Diese wollen entdeckt werden zwischen Großstadt, Autobahn und intensiver Freizeitnutzung. Und es darf gelegentlich ein intensiverer Blick sein, um einen Hirsch zu sehen, oder auch einen Kleiber, vielleicht ein Kleines Wiesenvögelchen. Je naturnaher ein Wald ist, desto artenreicher ist er. Für gemischte Wälder gilt übrigens auch, dass die bewirtschafteten Wälder artenreicher sind als die ungenutzten. Biodiversität oder biologische Vielfalt sind die Zauberworte der Artenkundler. Die Biodiversität besteht neben der eigentlichen Artenvielfalt aus der genetischen Vielfalt und der Vielfalt von Ökosystemen. Die Erhaltung und die nachhaltige Nutzung der biologischen Vielfalt gelten weltweit als wichtige Grundlagen für das menschliche Wohlergehen. Für unseres und das der nachfolgenden Generationen.

Die Generalversammlung der Vereinten Nationen hat das Jahr 2011 zum „Internationalen Jahr der Wälder" erklärt. Hierbei wird auf die besondere Bedeutung des Waldes und der nachhaltigen Waldbewirtschaftung hingewiesen. Kann dies nun auch für den Forstenrieder Park angewendet werden, hat auch er einen besonderen Nutzen für die Vielfalt und die Erhaltung der Wälder?

Der Forstenrieder Park wurde und wird gerne pauschal und mittlerweile unrichtig als Monokultur beschrieben. Jeder Parkbesucher weiß, dass dies seit den Stürmen Vivian und Wiebke 1990 nicht mehr stimmt. Dazu gibt es seit Jahrhunderten den biodivers wertvollen Eichelgarten und die überall im Forst verteilten Alteichen und Altbuchen. Diese werden in den Fichtenbeständen allerdings sehr in ihrer Entwicklung beschränkt, viele sind bereits abgestorben. Der Forstbetrieb München kümmert sich nun um den Erhalt dieser alten Bäume. Die Alleen werden gepflegt und ergänzt, die Altbäume werden in den Beständen behutsam freigestellt, ihnen wird Licht gegeben.

Dies führt zur Entwicklung von Mastbäumen und zu schönen Waldbildern. Es hat auch eine wesentliche naturerhaltende Wirkung, denn die Alteichen sind Biotopinseln. Wenn diese sich in einem Netz über den Forstenrieder Park spannen, wirken sie gegen die Verinselung der Landschaft. Denn neben dem Artenschwund ist die Zerschneidung der größte Feind der Biodiversität, der Vielfalt der Arten. Im Forstenrieder Park erkennt jeder an der Autobahn, was Zerschneidung für Menschen und Tiere bedeutet.

Biotopverbund lautet das zusammenfassende Zauberwort im modernen Natur- und Artenschutz. Im Forstenrieder Park haben die Eichen eine besondere Bedeutung: „Besonders schützenswert sind hierbei Eichenwälder, die durch ihre außerordentlich hohe Biodiversität große Bedeutung für mitteleuropäische Waldlandschaften haben. 300 bis 500 Tierarten sind auf die Eiche als Lebensraum angewiesen, viele weitere Arten nutzen die Eiche fakultativ. Die Eiche bietet dabei durch die grobe Borke und ihre totholzreichen Kronen Lebensraum für viele Wirbellose. Diese Wirbellosen, aber auch die eiweißreichen Früchte der Eichen, dienen vielen Vogelarten als Nahrung; vor allem auch im Winter. Außerdem können Vögel und zahlreiche Kleinsäugerarten die Kronenstrukturen als Nist- und Überwinterungsmöglichkeiten nutzen." In ihrer Untersuchung zu Qualität und Verbund von Eichenbeständen im Forstenrieder Park erhebt Susanne Jacobs den Zustand der Eichen, deren Verteilung im Park und das Brutvogelvorkommen. „Die Ergebnisse zeigen, dass neben dem Eichenanteil vor allem das Eichenalter eine zentrale Rolle für die Qualität der Bestände spielt. Durch die große Anzahl an vorhandenen Alleestrukturen und den Eichelgarten als hervorragende Spenderfläche bietet der Forstenrieder Park gute Voraussetzungen für einen funktionalen Biotopverbund... (Es) wurden aber auch einige Lücken im Verbundsystem deutlich, die durch verschiedene (...) Maßnahmen behoben werden sollten, um einen nachhaltigen Eichenverbund im Forstenrieder Park zu sichern."

Der Forstbetrieb München hat schon mit den ersten Maßnahmen an den alten Eichen begonnen. So kommt die Eiche als Teil der nacheiszeitlichen natürlichen Waldgesellschaft wieder zu ihrem Recht im Park. Gleichzeitig hat der Eichelgarten, einst Zeichen der Ausbeutung des Waldes im Park, eine neue Bedeutung als Spenderfläche. Und selbst die Eichenalleen, entstanden als Zeichen für die Überplanung der Natur in der barocken Jagdlandschaft, bekommen eine besondere und neue Bedeutung.

So leistet der Forstenrieder Park einen unschätzbaren und wichtigen Beitrag zum Natur- und Artenschutz im Großraum München. (jav)

DER FORSTENRIEDER PARK UND DIE GESELLSCHAFT

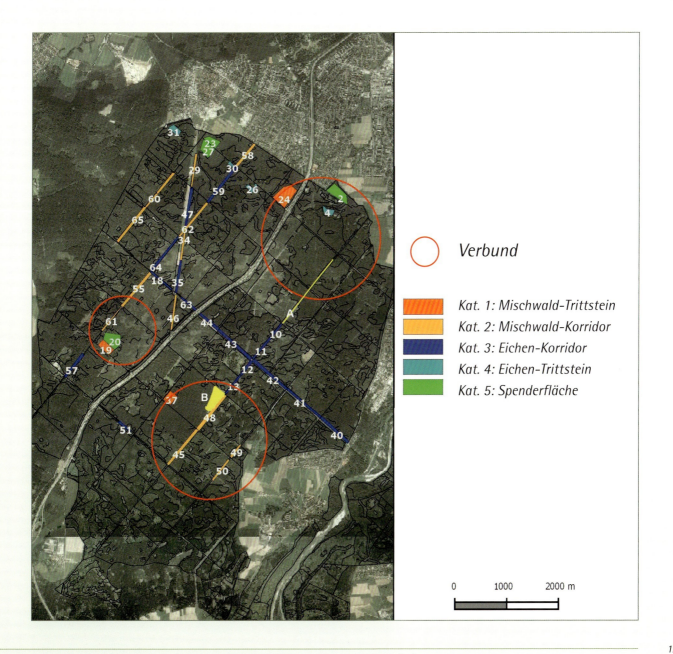

Die Freunde des Forstenrieder Parks – Ein Verein für den Park und die Gesellschaft

„Umfang und Bestand des gesamten Forstenrieder Parks (einschließlich Forst Kasten und Fürstenrieder Wald) nach dem Stand des Jahres 1964 als lebensnotwendiges Erholungsgebiet für die Bevölkerung uneingeschränkt zu erhalten", lautet der Zweck des Vereins „Freunde des Forstenrieder Parks e. V. in München gegr. 1965". Damit ist auch die Idee der elf Gründungsmitglieder um Ludwig Linsert, die sich am 20. Mai 1965 im „Café Reisinger" in Unterdill trifft, klar umrissen. Der Verein erscheint so als klassische Gründung im Sinne des sogenannten Naturschutzes von unten neben anderen bereits bestehenden Naturschutzvereinen, etwa dem Isartalverein (seit 1902), dem Bund Naturschutz in Bayern (seit 1913) oder den Naturfreunden Würmtal (seit 1922). Letztlich soll der Forstenrieder Park vor Zerstörung und Zerschneidung geschützt werden. Vorbild für diese frühe Form des Protestvereins ist der „Verein zur Erhaltung und Pflege des Perlacher Forstes e.V.", der am 14. Dezember 1961 gegründet wird. Analogie besteht in der Satzung und auch hinsichtlich der Gefahren, die den Wäldern im Süden und Osten Münchens drohen: ein Großflughafen und Autobahnen. Dazu der Protonenbeschleuniger der CERN (Conseil Européen pour la Recherche Nucléaire, Genf, zur physikalischen Grundlagenforschung des Aufbaus der Materie), der 20 Quadratkilometer Wald in Anspruch nehmen würde.

Die Gründung des „Vereins der Freunde des Forstenrieder Parks" hängt eng mit der Person ihres Gründungsvorsitzenden zusammen. Ludwig Linsert (1907-1981) ist von 1956 bis 1969 Mitglied des Bayerischen Senats, zuletzt als Vizepräsident. Als gelernter Schlosser und Elektrotechniker tritt Linsert 1931 dem „Internationalen Sozialistischen Kampfbund (ISK)" bei, er ist auch Jugendleiter der „Naturfreunde". Das mit seiner Frau Margot in der Fürstenrieder Straße 46 in München-Laim betriebene Lebensmittelgeschäft wird ab 1933 auch zur Verteilung von Flugblättern gegen die Nationalsozialisten genutzt. 1938 wird die illegale süddeutsche Gruppe des ISK aufgedeckt und Linsert wird wegen Vorbereitung zum Hochverrat zu zweijähriger Zuchthausstrafe verurteilt. Ab 1943 wird er in der Strafdivision 999 eingesetzt und kommt 1947 aus sowjetischer Kriegsgefangenschaft zurück nach München, wo er ab 1948 beim Deutschen Gewerkschaftsbund angestellt ist. Im Bayerischen Senat vertritt Linsert als bayerischer Landesvorsitzender des Deutschen Gewerkschaftsbundes (1958 bis 1969) die Gewerkschaften und verfügt über ein entsprechendes Netzwerk, ebenso über Informationen aus erster Hand. Und natürlich ist er gern im Forstenrieder Park, für den er sich einsetzen will.

„Leider wird der Forstenrieder Park in seinem derzeitigen Zustand den Notwendigkeiten eines Erholungsgebietes in keiner Weise gerecht", schreibt Linsert am 28. März 1963 an Dr. Dr. Alois Hundhammer, den bayerischen Staatsminister für Ernährung, Landwirtschaft und Forsten. Es seien keine Wegweiser angebracht, „auch fehlt es an den nötigen Ruhebänken an schönen Stellen. Da durch den Park kein Gewässer fließt, wären einige Trinkbrunnen angebracht." Linsert bringt seine Wünsche „auf den notwendigen Ausbau des Parks zu einem Erholungsgebiet" bereits im Frühjahr in den Senat ein. „Im Haushaltsausschuss des bayer. Senat wurde bei der Beratung des Entwurfs für den EPl. 03 A im Jahre 1963 angeregt, den Forstenrieder Park mehr als bisher für die Erholung der Bevölkerung zu erschließen", berichtet die Regierung von Oberbayern am 22. Februar 1965. Allerdings fehlen die notwendigen finanziellen Mittel. „Lediglich im Rahmen des Naturschutzes gäbe es Mittel, die aber nur einem zu diesem Zweck zu gründenden gemeinnützigen Verein zur Erhaltung des Forstenrieder Parkes zufließen könnten." Bereits mit der Kreisverordnung vom 24. September 1963 wird der Forstenrieder Park „dem Schutz des Naturschutzgesetzes unterstellt."

Linsert agiert parallel und sucht strategisch geeignete Verbündete: „Nach einer Rücksprache mit Herrn Oberbürgermeister (von 1960 bis 1972) Dr. (Hans-Jochen) Vogel stünde der Gründung eines solchen Vereins nichts im Wege." Staatsminister Hundhammer bemerkt am 31. Juli 1963, dass über Parkplätze und Waldwege „hinaus lehrreiche Naturpfade zu schaffen (seien), Abfallbehälter aufzustellen usw. Im Verlauf der weiteren Entwicklung ist auch an Spielflächen und ev. an einige Brunnen zu denken". Neben einer Haushaltserweiterung sieht er bei Finanzierung und Umsetzung „in erster Linie" die Stadt München in der Pflicht. Dies wird auf Regierungsebene aufgegriffen: „Die Stadt München hat seinerzeit vorgeschlagen, als Träger für die Maßnahmen den im Aufbau befindlichen Verein zum Schutz des Forstenrieder Parks e.V. zu gewinnen. Eine entsprechende Anfrage richtete die Regierung von Oberbayern am 31.7.1964 an Herrn Stadtrat Fischer."

Fischer und Linsert finden sich zusammen, „um die Gründung eines Vereins ins Auge zu fassen und die dazu notwendigen Schritte einzuleiten". In einem Aktenvermerk vom 12. November 1963 beschließen sie „Erhebungen über die Geschichte", „eine wissenschaftliche Arbeit über die die Bedeutung für Klima und die Luftverhältnisse der Stadt München" und den „Kontakt mit maßgeblichen Persönlichkeiten". Auch die eigentliche Vereinsgründung gehen sie zielgerichtet an. Von Landtagsvizepräsident Dr. Wilhelm Hoegner kommt am 23. Oktober 1963 die „gewünschte Satzung des Vereins zur Erhaltung und Pflege des Perlacher Forstes". Am 14. November 1963 erhalten sie aus dem Landwirtschaftsministerium des Werk Franz Xaver Kriegelsteiners. „Es ist allerdings im Jahr 1940 erschienen und wird wohl eine entsprechende Tendenz haben", gibt der Pressereferent zu bedenken.

Oberbürgermeister Vogel schickt am 10. Dezember 1963 „wunschgemäß... eine Ausarbeitung, die auf meine Veranlassung hin... über die Bedeutung des Forstenrieder Parks für die Luftreinhaltung, das Stadtklima und den Wasserhaushalt... gefertigt worden ist". Am 23. Juni 1964 entschuldigt er sich für die Verzögerung. „Den (...) verantwortlichen Stellen ist das Erforderliche bemerkt worden", und bereits zwei Wochen später liegt Fischer und Linsert am 8. Juli ein Satzungsentwurf vor. In den kommenden Wochen werden geeignete Gründungsmitglieder angeschrieben und am 30. Juli 1964 lädt Linsert eine 14 köpfige Gruppe aus Stadtrat, Verwaltung, Landtag und Bundestag, Parteien und Verbänden, aber auch einen Forstarbeiter, ins „Café Reisinger". Karl Wiesinger, Vorsitzender des Bundestagsausschusses für Mittelstandsfragen, bemerkt am 24. November 1964, dass „das vorbereitende Gremium etwas einseitig parteipolitisch ausgerichtet" sei, „damit dem neutralen Zweck der beabsichtigten Gründung Rechnung getragen wird, wäre es nützlich, diesen Schönheitsfehler zu beseitigen", auch sollten „Berater aus dem Bereich der Kultur und des Schulwesens beigezogen werden". Am 4. Dezember 1964 trifft sich das erweiterte Gremium erneut, und nach einer Kur bereitet Linsert im Frühjahr die Gründungsversammlung vor. Hierzu dient auch die Denkschrift des Deutschen Naturschutzringes zur „Unantastbarkeit des Münchner Waldgürtels", die Dr. Wolfgang Engelhardt übermittelt.

Bei der Gründungsversammlung werden Luwig Linsert zum Vorsitzenden, Prof. Dr. Hubert Pöhlein zum 1. und Stadtrat Georg Fischer zum 2. Stellvertreter gewählt. In das Kuratorium bestellt der neue Verein neun herausragende Persönlichkeiten aus Politik und Verwaltung, unter ihnen Ministerpräsident Dr. Alfons Goppel, Landtagspräsident Dr. Rudolf Hanauer und Oberbürgermeister Dr. Hans-Jochen Vogel.

Der Münchner Stadtanzeiger berichtet am 4. Juni 1965 über die Gründungsversammlung „nach zeitraubenden Vorarbeiten".
Der Verein nimmt seine Arbeit auf. Dazu gehört zu Beginn die Information der Bevölkerung, auch das Gewinnen von Mitgliedern. „Der Forstenrieder Park muss erhalten bleiben!", setzt der Geistliche Rat Professor Dr. Hubert Pöhlein über seinen Lichtbildervortrag zum Forstenrieder Park.

Natürlich wird in den kommenden Jahren und Jahrzehnten klassische Naturschutz- und Erholungsarbeit betrieben. „Wir möchten Sie sehr herzlich bitten, die Bestrebungen des Vereins tatkräftig zu fördern. (...) Es betragen die Kosten für eine Ruhebank DM 180.-, für einen Wegweiser DM 60.-, eine Orientierungstafel in der Größe von 150 x 200 cm ca. DM 1200,-."

Der Verein wird bis heute von gut 400 Mitgliedern unterstützt. Zu seinem 25jährigen Jubiläum werden 25 Bäume für die „Allee der Freunde des Forstenrieder Parks" am 25. April 1990 gepflanzt. Unzählige Bänke werden aufgestellt, der „Kriegelsteiner" wird neu aufgelegt und es werden Informationstafeln bezuschusst. Auch die Ausstellungen zur Wittelsbacher Jagd an der Diensthütte und zum Heimischen Wild an der nördlichen Wildäsungsfläche werden gefördert.

Das neue Logo der Freunde des Forstenrieder Park e.V. zeigt einen Laubbaum, Hirsch und Wildschwein und die Menschen, die sich gemeinsam für den Erhalt des Forstenrieder Parks und des Wildparks einsetzen.

Forstenrieder Park 2050 – Zusammenfassung und Ausblick

Seit 1399 ist der damalige Payerprunner Forst bevorzugtes Jagdgebiet des herrschenden Hauses Wittelsbach. Kurfürsten, Kaiser und Könige jagen mit ihren Gästen und in staatstragender Bedeutung mit heute unvorstellbarem Aufwand im HirschjagdParque. Die fürstlich-jagdliche Nutzung trägt zur Erschließung und Entwicklung der Münchener Landschaft bei und sie schützt den Waldgürtel im Süden Münchens. Aus herrschaftlichen Machtansprüchen werden bürgerliche Interessen. Forstenrieder Park und auch der Perlacher Forst bleiben bis heute unter gesellschaftlich angepassten Bedingungen erhalten.

Naturgenuss und Naturerlebnis stehen heute eindeutig im Vordergrund der Waldbesucher. Vorrangiges Ziel des regionalen Erholungskonzeptes ist daher, Orte der Ruhe und Entspannung zu bieten. Der naturnahe Waldbau schafft Strukturreichtum und Vielfalt und unterstützt diese Ziele nachhaltig. Er bildet das Rückgrat der Erholungsfunktion der stadtnahen Wälder.

Mit der Erholung ist im Forstenrieder Park der Wildpark untrennbar verbunden. Für die Erlebbarkeit besonders des Rotwildes wird das Wildparkkonzept mit verschiedenen Maßnahmen umgesetzt. Damit entwickelt sich der Wildpark Forstenrieder Park zu einem großstadtnahen Natur- und Wildtiererlebnisraum.

Der gesellschaftliche und naturräumliche Wert des Forstenrieder Parks liegt weit über seinem in Geld messbaren Wert von Holz und Boden. Dies entspräche eher einer Reduktion, auch angesichts wachsender Forderungen einer wachsenden Gesellschaft. Der Park wird für die Erholung noch wichtiger werden. Mit der wirtschaftlichen und technologischen Entwicklung wird auch das Bedürfnis der Gesellschaft nach Freizeitaktivitäten weiter steigen. Als stadtnaher Wald hat der Park eine wichtige und ebenfalls wachsende Rolle als Bildungsort. In der zunehmend medial und digital ausgerichteten Gesellschaft braucht die nachwachsende Generation Lern- und Erfahrungsräume, in denen die Natur und auch die nachhaltige Nutzung von Naturgütern erlebt werden können.

Die besonderen Leistungen des Waldes für Klima, Wasser und Lärmschutz werden verstärkt nachgefragt. Als großes zusammenhängendes Waldgebiet hat der Forstenrieder Park wichtige Aufgaben für die Biodiversität. Tier- und Pflanzenarten sowie Lebensgemeinschaften profitieren vom Biotopverbund gegen die Zerschneidung und Verinselung der Landschaft. Der Wald dient

DER FORSTENRIEDER PARK UND DIE GESELLSCHAFT

mit jedem Stück Holz als regenrativer CO_2-Speicher. Angesichts eines zu erwartenden Klimawandels kann von einer ausgleichenden Wirkung ausgegangen werden.

Die den Forstenrieder Park in seiner Fläche und Geschlossenheit bedrängenden und gefährdenden Bedrohungen, historisch etwa der Großflughafen München, aktuell Autobahnausbauten und der Autobahn-Südring, die den Forstenrieder Park zu politischer Verfügungsmasse herabstufen wollen, konnten bisher verhindert werden. Es ist dem Forstenrieder Park und auch den Bürgern des Großraums München zu wünschen, dass er über Flächenplanung und Forstwirtschaft hinaus mit besonderem Maßstab als Bannwald und Wald der Münchner erhalten bleibt.

Sachregister

Ansitzjagd 70, 72, 142

Aufforstungsversuch 20, 24, 38, 88f., 112

Autobahn-Südring 89ff., 124, 135

Bannwald 36, 41, 77, 122, 135

Baumartenzusammensetzung 18, 39

Bayerische Forstverwaltung 3, 20, 35, 41, 57, 140, 143

Bayerische Staatsforsten 20, 35, 41, 76, 115, 140, 143

Beizjagd 51, 54

Beobachtungsfläche 3, 117ff.

Beobachtungspunkt 77, 95, 104, 119

Bewegungsjagd 118

Biodiversität 127 f., 133

Blumbesuch 27, 82, 112

Borkenkäferbefall 16, 20, 88, 125

Brennholz 18, 31f., 112, 142

Brunftplatz 75

Bucentaur 46f., 48

Bundeswaldinventur 87

Churfürstenstern 52f.

Curée 55

Damwild 82, 95, 117

Deutsches Jagen 46

Diensthütte 3, 70f., 92f., 94f.

Dreifelderwirtschaft 15

Edellaubholz 38f.

Eichelgarten 3, 18, 30f., 82, 89, 97, 112f., 115f., 127f.

Einstreu 18

Einzeljagd 75, 142

Erholungskonzept 84, 86, 133

Fliegende Bauten 51

Flora-Fauna-Habitat-Gebiet 115

Flößerei 35

Floßlände 18

Forsteinrichtung 21, 24, 142

Forstfrevel 31

Forsthaus Kasten 3, 103, 106

Forsthaus Oberdill 3, 104

Forstkarte 21

Forstliche Umweltbeobachtung 87

Forstrechte 18, 27, 142

Forstwiese 18, 20f., 23f., 30, 82, 88, 112f., 116

Frondienste 1, 46, 50

Frostschäden 20, 89

Fruktifikation 18

Fürstenweg 51, 80

Gartengestaltung 50, 63, 68

Gattersäge 32

Geräumt 3, 23, 33, 36, 50, 56ff., 60, 62, 70, 82f., 92f., 95, 97f., 104, 107f., 117, 119, 142

Gruppenansitz 118

Hiebsatz 23, 38, 41, 142

Hirschfänger 46, 54

Hirschgarten 21, 49

Hirschhunde 47

Hirschjagdpark 49, 51, 54, 63, 68, 133

Hochwald 24, 72

Hochzonenbehälter 3, 76, 107, 125, 143

Hofjagdgebiet 21, 23

Hofjagdkarte 56

Hofmark 27, 47

Holzbodenanteil 24, 88

Holznot 18, 23

Hutelandschaft 51, 79, 82, 113

Jagdhoheit 75

Jagdkonzept 77

Jagdschneise 23

Jagdstern 23, 50, 56, 62

Jagdzeit 46, 77

Kahlfläche 24, 88, 143

Kanalsystem 49f.

Klafter 21, 23, 27, 30, 142

Klimarisikokarte 39f., 89

Klimawandel 20, 39, 87f., 107, 135

Kronenzustandserhebung 78

*L*andesherr 23, 55, 64

Landesvermessung 24

Leibgehege 70

Leithund 47, 50

Lichtbaumart 18

Ludwigseiche 3, 97

Lustjagd 43, 80

Lustschlösser 49, 64

*M*ischbaumart 14, 39

*N*achhaltigkeit 11, 23f., 38f.

Natura 2000-Gebiet 115

Naturkatastrophe 24

Nebennutzung 36

Nutzholz 18, 142

*O*rkan 89, 93

*P*arforcejagd 23, 50f., 53ff., 70

Pirschjagd 43

Prunkjagd 43, 70

*R*isikobaumart 20

Römerstraße 3, 56, 96f., 115

Rotwild 70, 82, 95, 117ff., 133

*S*auspieß 46

Schwaige 51, 63, 79, 102

Schwarzwild 41, 50, 70, 95, 117

Schweinemast 18

Sortierkammer 72f.

Staatswald 27, 38, 41, 57, 82, 115, 124

Stallhaltung 18

Streunutzung 11, 18, 21, 36

*T*agwerk 21, 23, 25, 27, 30, 56, 88, 143

Taxation 23f.

Treibjagd 75

Trift 35

Türkengraben 50

*V*iehhof 79

*W*aldbau 34, 39, 84, 117f., 122, 133

Waldfunktion 38, 122, 124

Waldklimastation 87

Waldpädagogik 123f.

Waldstandort 50

Waldsterben 86f.

Waldwert 124

Wasserhaushalt 16, 39, 131

Wasserspeicherkapazität 16

Wasserstresssituation 16

Wechsel 75, 142

Wildpark 3, 12f., 42, 47, 52, 62, 75ff., 82, 89ff., 94f., 104, 117ff., 132f.

Wildparkkonzept 93, 117ff., 133

Wildruhezone 3, 77, 82, 95, 104, 118f.

Wildschaden 54, 77, 94, 118

*Z*erwirkgewölbe 43, 55

Zuwachsverlust 16

Literatur

Bachsteffel, Hans: *Die Diensthütte im Forstenrieder Park (in: Heimat Forstenried, Band 1)*. München, 2008.

Bauer, Otto: *Zwischen ungeregelter Waldnutzung und nachhaltiger Forstwirtschaft*. Freising, 2002.

Bayerische Landesanstalt für Wald und Forstwirtschaft (Hrsg.): *Die regionale natürliche Waldzusammensetzung Bayerns*, LWF-Bericht Nr. 32. Freising, 2001.

Bayerische Staatsregierung (Hrsg.): *Bayerischer Windatlas – Nutzung der Windenergie*. München, 2010.

Bayerisches Geologisches Landesamt (Hrsg.): *Geologische Karte von Bayern*. München, 1981.

Breuer, Wilhelm: *Wald unter Strom (in: Nationalpark 1/2012)*. Grafenau, 2012.

Diesel, Matthias: *Erlustierende Augen-Weyde Zweyte Fortsetzung (in: Diesel, Matthias: Kurbayerische Schlösser)*. Dortmund, 1981.

Dimpfl, Monika: *Es geschah im Forstenrieder Park – Geschichte vom Fememord an Maria Sandmayr*. München, 2007.

Ergert, Bernd E.: *Wittelsbacher Jagd, Katalog zur Ausstellung im Deutschen Jagd- und Fischereimuseum*. München, 1980.

Die Forstverwaltung Baierns. München, 1844.

Freytag, Beate / Storz, Alexander Franc: *Milbertshofen*. München, 2004.

Gerndt, Siegmar: *Unsere bayerische Landschaft*. München, 1976.

Gribl, Dorle: *Forstenried und Fürstenried*. München, 2007.

Haseder, Ilse / Stinglwagner, Gerhard: *Großes Jagdlexikon*. München, 1996.

Herders Conversations-Lexikon: Freiburg im Breisgau, 1854.

Hinrichsen, Alex W. / Paul Neu – *Bayerischer Künstler in Deutschland*. Holzminden, 2010.

Hirneis, Theodor: *Der König speist*. München, 1953.

Hofmann, Ulrike Claudia: *Fememorde (in: Historisches Lexikon Bayerns)*. 28.2.2011.

Hutterer, Alfred: *Berufe in Baierbrunn 1891-1911*. 2008.

Jacobs, Susanne: *Qualität und Verbund von Eichenbeständen im Forstenrieder Park am Beispiel von Brutvogelzönosen*. Hrsg. von der Technischen Universität München. Freising, 2008.

Kleinschroth, Adolf / Michel, Helmut: *Schiffahrtskanäle aus dem 17. und 18. Jahrhundert im Raum München (in: Deutsches Schiffahrtsarchiv, Nr. 7)*. 1984.

Knoll, Martin: *Umwelt – Herrschaft – Gesellschaft*. St. Katharinen, 2004.

Kölling, Christian: *Klimarisikokarten*. LWF Freising, 2007.

Köstler, Joseph: *Geschichte des Waldes in Altbayern*. 1934.

Kriegelsteiner, Franz Xaver: *Exerzitienhaus Schloß Fürstenried*. München, 1936.

Kriegelsteiner, Franz Xaver: *Der Forstenrieder Park*. München, 1942, NA 1987.

Ludwig-Maximilians-Unversität München, Lehrstuhl für Landnutzungsplanung und Naturschutz an der Forstwissenschaftlichen Fakultät (Hrsg.): *Landschafts- und erholungsplanerische Entwicklungsstudie für die Wildparke im Ebersberger Forst und im Forstenrieder Park*. Freising, 1999.

Mooseder, Georg: *Mühlen im Amt Neuhausen des ehemaligen Landgerichts Dachau (in: Amperland, Heft 3)*. Dachau, 1998.

Napoleon und Europa – *Traum und Trauma*. Bonn, 2011.

Ongyerth, Gerhard: *400 Jahre Schleißheimer Kanalsystem (in: Jahrbuch der Bayerischen Denkmalpflege)*. München, 1995.

Rothe, Andreas: *Baumarteneignung bei verstärkter Trockenheit in Folge des Klimawandels. Bericht E 45, 14. Statusseminar des Kuratoriums für forstliche Forschung*. Freising, 2010.

Schaffner, Stefan / Suda, Michael: *Beurteilung der Erholungseinrichtungen in den Staatswäldern Bayerns durch die Erholungssuchenden, Projektbericht ST 144*. Freising, 2004.

Schlögl, Alois: *Bayerische Agrargeschichte*. München, 1954.

Schmeller, Johann Andreas: *Bayerisches Wörterbuch*. München, 1983.

Schmidt, Hans H.: *6000 Jahre Ackerbau und Siedlungsgeschichte im oberen Würmtal bei München*. München, 1991.

Schober, Gerhard: *Prunkschiffe auf dem Starnberger See*. Waakirchen, 2008.

Sechzig Jahre Isarwerke 1894 –1954. München, 1954.

Semmler, Ludwig: *Denkmalschutz im Ensemble Dorfkern Forstenried*. München, 2009."

Straub, Eberhard: *Repraesentatio Maiestatis oder churbayerische Freudenfeste. MBM 14*. München, 1969.

Sturm, Joseph: *Rodungen in den Forsten um München (in: Schriften der Hermann-Göring-Akademie der deutschen Forstwirtschaft)*. Frankfurt/M., 1941.

Technische Universität München, Fachbereich Wildbiologie und Wildtiermanagement (Hrsg.): *Wildbiologisches Gutachten. Ebersberger Wildpark, Wildpark Forstenried: Ziele, Maßnahmen und Grundlagen*. Freising, 2002.

Technische Universität München (Hrsg.): *Regionales Erholungskonzept des Forstbetriebs München vom 1.4.2008. Bericht ST 144. Beurteilung der Erholungseinrichtungen in den Staatswäldern durch die Erholungssuchenden*, Freising, 2004.

Treutlein, Urban: *Leben und Werk der Gebrüder Schilcher (in: Mitteilungen aus der Staatsforstverwaltung Bayerns)*. München, 1990.

Volland, Jacques and.: *Bayerns Wälder. 250 Jahre Bayerische Staatsforstverwaltung*. Augsburg, 2002.

Wagner, Georg: *Das Forstamt (in: Heimat Forstenried, Sammelhefte Band 2, 3 und 4)*. München, 2008 und 2009.

Wagner, Sven: *Klimawandel – einige Überlegungen zu waldbaulichen Strategien, Forst und Holz 59 (Nr.8)*. München, 2004.

Winghart, Stephan: *Bemerkungen zu Genese und Struktur früh mittelalterlicher Siedlungen im Münchner Raum*. Regensburg, 1996.

Wolf, Georg Jacob: *Die Entdeckung der Münchner Landschaft*. München, 1921.

Archive und Quellen

Bayerische Forstverwaltung: www.forst.bayern.de
Bayerische Staatsforsten, Kurzoperat Forstbetrieb München, 2007.
Bayerische Staatsforsten, Leitfaden zur Verwendung von Klima-risikokarten. Regensburg, 2010.
Bayerische Staatsregierung, Berichte aus der Kabinettssitzung, siehe www.bayern.de
Bayernviewer-Denkmal, www.geodaten.bayern.de/tomcat_files/denkmal_start.html
Forstamt München, Forsteinrichtungsoperat, Geschichtsteil, 1988.
Forstamt München, Natura 2000, Gebiet 7934-302, FFH-Managementplan Eichelgarten, 2009.
Forstbetrieb München, Archiv.
Holztechnisches Museum Rosenheim, Archiv.
Staatsarchiv München, Fasz. Nr. 1607 Grünwald.
Süddeutsche Zeitung, Archiv.

Bildnachweis

Bayerische Forstverwaltung, München 34, 35, 122 • Bayerische Staatsforsten, Forstbetrieb München 38, 40, 41/42, 43, 44, 71, 86, 118
Bayerische Verwaltung der staatlichen Schlösser, Gärten und Seen, München 46, 48, 64
Bayerisches Hauptstaatsarchiv, München 22, 30, 62
Alescha Birkenholz, München (www.aleschabirkenholz.com) Titelbild, 14/15, 92, 93 li., 105, 106, 111, 116/117
Daniel Dabizzi, Bayerische Landesanstalt für Wald und Forstwirtschaft, Freising Karte im Vorsatz
Deutsches Jagd- und Fischereimuseum, München 55 • Forsthaus Kasten, Johanna Barsy 103 • Holztechnisches Museum, Rosenheim 33
Historischer Verein Forstenried e.V., München 26, 32, 68, 70, 93 re., 96, 109 • Imagebroker / SZ Photo 125 • Susanne Jacobs, Freising 129
Alexander Mania, München 119 o. • Ramona Marx, Neuried 123 • Gemeinde Pullach 37 • Gudrun Ree, München 77
Anton Schmidt, Dr., Forstpräsident a. D., Regensburg 94
Jacques and. Volland, München (info@weiss-blauer-himmel.de) 4, 5, 10, 13, 17, 19, 24, 27/28, 49, 53, 58, 59. 65, 66, 73, 74, 78/79, 83, 84/85, 89, 91, 95, 97, 98, 100, 101, 102, 112, 113, 114, 119 u., 120, 126, 127, 135.

Glossar

Ansitzjagd

Die Ansitzjagd wird von Ständen oder Hochsitzen ausgeübt. Sie ist eine Form der Einzeljagd, bei der der Jäger an geeigneten Stellen, etwa Wildwechseln, auf vorbeikommendes Wild wartet.

Festmeter

Der Festmeter (fm) ist ein Raummaß für Holz und entspricht einem Kubikmeter (m³) fester Holzmasse ohne Zwischenräume. Er wird für Nutzholz, nicht für geschichtetes Brennholz, verwendet. In stehenden Waldbeständen wird die Holzmenge in Vorratsfestmetern (VFm) in Rinde berechnet, das geerntete Holz wird in Erntefestmetern (EFm) in Rinde (i.R.) oder ohne Rinde (o.R.) gemessen.

Forsteinrichtung

„Die Forsteinrichtung ist die Lehre von der periodischen Zustandserfassung, mittel- und langfristigen Planung und periodischen Leistungsprüfung im Forstbetrieb", Albert Richter 1963

Forstrechte

Forstrechte sind Dienstbarkeiten – auch Servitute genannt –, die ein dingliches Nutzungsrecht an einer fremden Sache erlauben. Im Forstenrieder Park war es zum Beispiel das Recht, das eigene Vieh dort – auf fremdem Grund – weiden zu lassen.

Geräumt

Als Geräumt wurden ursprünglich mehr oder weniger dauerhaft frei gemachte Schneisen im Wald bezeichnet.

Fuder

Die Beschreibung und die Problematik verdeutlichen die schlechte Definition des Fuders, also letztlich einer Karrenladung. Ein Fuder entspricht 1,39 Kubikmeter.

Hiebssatz

Der Hiebssatz ist der nachhaltige periodische, jährliche Holzeinschlag

Holzsortierung

Rundholz oder Stammholz werden als Bloch(holz) (mhd. ploch für großes Stück) bezeichnet, wenn sie aus einem Stammabschnitt bestimmter orts- oder verwendungsüblicher Dimension entsprechen. So waren die Tölzer Blöcher 2,40 Meter lang, um damit die Tölzer Kästen, also Schränke, fertigen zu können. Schnittholz entsteht durch das Schneiden von Stammholz und wird je nach Dicke lokal verschieden bezeichnet. Nach heutigen Normen als Balken, Kantholz, Bohle, Brett, Diele oder Latte. Die Diele hat eine Stärke von 4 bis 8 Zentimetern.

Klafter

In Bayern betrug das Längenmaß Klafter 1,75 Meter. Es entwickelte sich zu dem Raummaß Klafter für Scheitholz, also gespaltenes Brennholz, mit 1,75 Kubikmeter.

Nonnenkatastrophe

Die Nonne ist eine Schmetterlingsart, deren Aussehen an eine Ordensschwester erinnert. Sie hat eine Spannweite bis 6 cm.